BEI GRIN MACHT SICH IHR WISSEN BEZAHLT

- Wir veröffentlichen Ihre Hausarbeit, Bachelor- und Masterarbeit

- Ihr eigenes eBook und Buch - weltweit in allen wichtigen Shops

- Verdienen Sie an jedem Verkauf

Jetzt bei www.GRIN.com hochladen und kostenlos publizieren

Henrik Brendel

Die transnationale Anti-Apartheid-Bewegung und ihre Mobilisierung in der Bundesrepublik Deutschland

GRIN Verlag

Bibliografische Information der Deutschen Nationalbibliothek:

Die Deutsche Bibliothek verzeichnet diese Publikation in der Deutschen Nationalbibliografie; detaillierte bibliografische Daten sind im Internet über http://dnb.d-nb.de/ abrufbar.

Dieses Werk sowie alle darin enthaltenen einzelnen Beiträge und Abbildungen sind urheberrechtlich geschützt. Jede Verwertung, die nicht ausdrücklich vom Urheberrechtsschutz zugelassen ist, bedarf der vorherigen Zustimmung des Verlages. Das gilt insbesondere für Vervielfältigungen, Bearbeitungen, Übersetzungen, Mikroverfilmungen, Auswertungen durch Datenbanken und für die Einspeicherung und Verarbeitung in elektronische Systeme. Alle Rechte, auch die des auszugsweisen Nachdrucks, der fotomechanischen Wiedergabe (einschließlich Mikrokopie) sowie der Auswertung durch Datenbanken oder ähnliche Einrichtungen, vorbehalten.

Impressum:

Copyright © 2011 GRIN Verlag GmbH
Druck und Bindung: Books on Demand GmbH, Norderstedt Germany
ISBN: 978-3-656-12663-8

Dieses Buch bei GRIN:

http://www.grin.com/de/e-book/188803/die-transnationale-anti-apartheid-bewegung-und-ihre-mobilisierung-in-der

GRIN - Your knowledge has value

Der GRIN Verlag publiziert seit 1998 wissenschaftliche Arbeiten von Studenten, Hochschullehrern und anderen Akademikern als eBook und gedrucktes Buch. Die Verlagswebsite www.grin.com ist die ideale Plattform zur Veröffentlichung von Hausarbeiten, Abschlussarbeiten, wissenschaftlichen Aufsätzen, Dissertationen und Fachbüchern.

Besuchen Sie uns im Internet:

http://www.grin.com/

http://www.facebook.com/grincom

http://www.twitter.com/grin_com

Universität Bielefeld WS 11/12
Fakultät für Geschichtswissenschaft,
Philosophie und Theologie

- Abt. Geschichte -

Abschlussarbeit

Master of Arts

Die transnationale Anti-Apartheid-Bewegung und ihre Mobilisierung in der Bundesrepublik Deutschland

Henrik Brendel

Geschichtswissenschaft
Universität Bielefeld

1. EINLEITUNG: FRAGESTELLUNG, QUELLENBASIS UND AUFBAU DER UNTERSUCHUNG 4

1.1 VON EINER „LEISEN UND EINSAMEN STIMME DES PROTESTS" ZUR WELTWEITEN SOLIDARITÄTSBEWEGUNG? 4

1.2 ANTI-APARTHEID-PROTEST IN DER BUNDESREPUBLIK – SOZIALE BEWEGUNG ALS GESELLSCHAFTLICHER LERNPROZESS? 8

1.3 FORSCHUNGSSTAND UND QUELLENBASIS 10

1.4 ANALYTISCHER BEZUGSRAHMEN UND AUFBAU DER UNTERSUCHUNG 13

2. VOM PROTEST ZUM WIDERSTAND: DIE ANTI-APARTHEID-BEWEGUNG IN SÜDAFRIKA (1886-1994) 18

2.1 WURZELN DES WIDERSTANDS: VOM MINENKAPITALISMUS ÜBER DIE ENTSTEHUNG EINES MODERNEN STAATS ZUR ETABLIERUNG DER RASSENTRENNUNG IN SÜDAFRIKA (1886-1940) 19

2.2 „AFRICA FOR THE AFRICANS": VOM ZIVILEN UNGEHORSAM ÜBER DAS MASSAKER VON SHARPEVILLE ZUM BEWAFFNETEN WIDERSTANDSKAMPF (1940-68) 25

2.3 STILLE VOR DEM STURM: VOM BLACK CONSCIOUSNESS ÜBER DIE RADIKALISIERUNG DER JUGEND ZUR UNITED DEMOCRATIC FRONT (1968-89) 33

3. DIE MOBILISIERUNG DER ANTI-APARTHEID-BEWEGUNG IN DER BUNDESREPUBLIK DEUTSCHLAND 39

3.1 „MIT MASKE AUF DEM SEIL TANZEND" - VON DER AUSWEISUNG DEUTSCHER PRIESTER AUS SÜDAFRIKA ZUR MOBILISIERUNG ERSTER PROTESTGRUPPEN UND AKTIONEN IN DEUTSCHLAND 40

3.2 „INSTITUTIONALISIERTER ERFAHRUNGSAUSTAUSCH" - ORGANISATIONSSTRUKTUREN UND KOMMUNIKATIONSKANÄLE 47

3.3 „THANKS GOD, WE STILL HAVE WEST-GERMANY" – PROBLEMDEUTUNGEN UND VORANNAHMEN IM PROTEST GEGEN DIE APARTHEID 53

3.4 „DAS KULTURABKOMMEN MIT SÜDAFRIKA MUSS GEKÜNDIGT WERDEN!" - ÜBERSETZUNG DER KRITIK IN DIE SPRACHE GESELLSCHAFTLICHER TEILSYSTEME 60

4. DIE AAB IN DER BRD ALS BESTANDTEIL EINER TRANSNATIONALEN ANTI-APARTHEID-BEWEGUNG 72

4.1 *„WE WIELD A DEVASTATING WEAPON"* – ANTI-APARTHEID ALS BEWEGUNG DER BEWEGUNGEN 72

4.2 *„DEAR COMRADE INGEBORG"* – ZUSAMMENARBEIT MIT DEN BEFREIUNGSBEWEGUNGEN 77

4.3 *„UNDER THE AUSPICES OF THE UN"* - INTERAKTION MIT DEM UN-CENTRE AGAINST APARTHEID 85

4.4 *„SUPPORT THE INTERNATIONAL DAY OF ACTION"* - KOORDINIERUNG ZWISCHEN DEN NATIONALEN SOLIDARITÄTSBEWEGUNGEN 89

5. FAZIT 93

6. APPENDIX 98

   6.1 QUELLENNACHWEISE 98

      6.1.1 Archivquellen 98

      6.1.2 Quellen aus Editionen 101

      6.1.3 Beiträge aus Printmedien 101

      6.1.4 Über das Internet zugängliche Quellen 102

   6.2 LITERATURNACHWEISE 103

   6.3 ABKÜRZUNGEN 106

"There are certain moments that capture the essence of life itself. Today is such a moment for me. For you are the friends from five continents who kept hope alive. You took the plight of our people, our hopes, our dreams and our struggle, to your hearts and made it your own. You refused to let the world ignore the tragedy wreaked by apartheid." [1]

- Nelson Mandela

1. Einleitung: Fragestellung, Quellenbasis und Aufbau der Untersuchung

1.1 Von einer *„leisen und einsamen Stimme des Protests"* zur weltweiten Solidaritätsbewegung?

Im Februar 1993, also noch etwas mehr als ein Jahr vor den damals ersten freien und demokratischen Wahlen in Südafrika, hielt der African National Congress (ANC) in Johannesburg eine dreitägige *„Internationale Solidaritätskonferenz"* mit dem Titel *„From Apartheid to Peace, Democracy and Development"* ab. Geladen waren insgesamt über 900 Teilnehmer, darunter 260 Repräsentanten südafrikanischer Anti-Apartheid-Gruppen sowie etwa 650 Aktivisten, Journalisten, Wissenschaftler und Diplomaten aus aller Welt, die sich für die Überwindung des Apartheidsystems in Südafrika eingesetzt hatten.[2]

In seiner Eröffnungsrede dankte der damalige Vorsitzende des ANC, Oliver Tambo, ihnen für ihr langjähriges Engagement: *„[Y]ou are here today because by your actions you have brought the system of apartheid to its knees. It is not the visas you were issued which enabled you to enter the country. It is your steadfast opposition to racism and racial domination which opened the gates at the frontiers so that you who stand for justice could be here today."* [3]

Begrüßt hatte er die Aktivisten zuvor in seiner Eingangsformel als *"distinguished delegates and special guests from the world anti-apartheid movement"*.[4] In ihren Anfängen sei diese Weltbewegung gegen Apartheid nur eine leise und einsame Stimme

---

[1] Mandela, Nelson, Address to the International Solidarity Conference, Johannesburg, 19. Februar 1993. http://www.anc.org.za/show.php?include=docs/sp/1993/sp0219.html (zuletzt abgerufen am 23.09.2010)
[2] Informationsdienst 2 (1993), S. 39.
[3] Tambo, Oliver, Opening Speech at the International Solidarity Conference, on the theme "From Apartheid to Peace, Democracy and Development", Johannesburg, 19. Februar 1993. http://www.anc.org.za/show.php?include=docs/sp/1993/sp0219a.html (zuletzt abgerufen am 23.09.2010)
[4] Ebd.

des Protests gewesen, doch durch gewissenhafte Männer und Frauen wie die Delegierten der Konferenz sei die Anti-Apartheid-Bewegung stetig gewachsen, *„into perhaps the strongest international solidarity movement of this century, bringing together citizens of all countries, governments and international organisations. This very conference reflects precisely the depth and breadth which this movement attained. Among us we have anti-apartheid activists who have worked selflessly for decades. We have trade unionists, cultural workers, professionals, students, civil servants, parliamentarians, representatives of governments and international governmental and non-governmental organisations."* [5] Diese breite Bewegung habe der Apartheid einen mächtigen Schlag versetzt, der Befreiungsbewegung enorme Stärke verliehen, ihre Angehörigen im Gefängnis und im Exil gestützt und sie an den Punkt gebracht, an dem der Sieg in Sicht sei, so das Fazit von Oliver Tambo.[6]

In den internationalen Zeitungen wurden die 650 internationalen Gäste und die an sie gerichteten Dankesworte zumeist nur am Rande erwähnt. In Deutschland ging zum Beispiel Bartholomäus Grill in der Zeit explizit auf das *„Aha-Erlebnis"* und die *„Genugtuung"* jener ein, *„die im Ausland unermüdlich für den Boykott des Burenregimes gekämpft hatten."* [7] Im Vordergrund der Berichterstattung stand aber zumeist eher die in der Schlusserklärung der Konferenz enthaltene Ankündigung des ANC, die Rücknahme der meisten Sanktionen gegen Südafrika zu befürworten, sobald ein definitiver Termin für freie, demokratische Wahlen beschlossen würde. Bis dahin komme es jedoch entscheidend darauf an, die Sanktionen und den internationalen Druck auf die weiße Regierung in Pretoria aufrecht zu halten.[8]

Viele der wichtigsten Wirtschaftsnationen hatten sich lange Zeit schwer damit getan, überhaupt Sanktionen zu verhängen. Tatsächlich war die schrittweise Durchsetzung umfangreicher Sanktionen gegen das Apartheidregime nur in Einzelfällen auf die Initiative von Regierungen zurückzuführen. Obgleich etwa die Vereinten Nationen die Apartheid immer wieder verurteilt und zum Beispiel das Jahr 1982 zum *„Internationalen Jahr der Mobilisierung für Sanktionen gegen Südafrika"* erklärt hatten, sperrten sich Regierungschefs wie Ronald Reagan, Margaret Thatcher und andere immer

---

[5] Ebd.
[6] Ebd.
[7] Grill, Bartholomäus, Ein Aha-Erlebnis, in: Die Zeit 9 (26. Februar 1993).
[8] ANC Press Briefing, Monday 22 February, 1993.
http://www.anc.org.za/showdnb.php?include=docs/misc/2010/anndnb2i.html (zuletzt abgerufen am 24.09.2010) Die ersten demokratischen Wahlen in Südafrika fanden statt vom 26. bis zum 29. April 1994. Zum Zeitpunkt der Konferenz waren sie allerdings noch nicht beschlossen und standen lediglich als Forderung im Raum.

wieder gegen Maßnahmen, die über eine rhetorische Verurteilung hinausgingen. Stattdessen bevorzugten sie eine Politik des so genannten „konstruktiven Engagements" und des „kritischen Dialogs", durch welche die Apartheid auf dem Wege allmählicher Reformen langfristig überwunden werden sollte. In der überwiegenden Mehrheit der Fälle wurden Sanktionen deshalb erst in Reaktion auf die Empörung und den anhaltenden Druck von Bürgern beschlossen, die sich öffentlich gegen die Apartheid einsetzten.[9]

Die Bundesrepublik Deutschland unterhielt sowohl auf politischer als auch auf wirtschaftlicher Ebene über lange Jahre hinweg nahezu freundschaftliche Beziehungen mit der Regierung in Pretoria, trotz rhetorischer Verurteilung der Rassentrennung. Bis in die sechziger Jahre hinein konnte die Bundesregierung ihre Südafrika-Politik noch weitgehend frei an wirtschaftlichen Interessen orientieren, wie Philipp Rock nachweist.[10] So wurde noch 1962 ein Kulturabkommen zwischen beiden Ländern geschlossen, das erst im September 1985 durch die Bundesregierung gekündigt wurde.[11] Im Jahr 1974 avancierte die Bundesrepublik gar zum größten Handelspartner Südafrikas und ist es über das Ende der Apartheid hinaus ohne Unterbrechung geblieben.[12] Unterdessen wuchs in Deutschland aber auch das öffentliche Interesse am Thema Menschenrechte und mit ihm offenbar „der Einfluss von Anti-Apartheid-NROs, die auch immer mehr Einfluss und Anhänger unter den Mitgliedern des Bundestags [...] gewannen und die ihrerseits die Regierungspolitik gegenüber Südafrika kritisch hinterfragten und eine Änderung dieser Politik verlangten."[13]

In der Tat waren auch auf der eingangs beschriebenen Konferenz in Johannesburg Vertreter deutscher Solidaritätsgruppen und „Anti-Apartheid-NROs" anwesend, wie zum Beispiel Eva Militz vom Verein „Anti-Apartheid-Bewegung" (AAB). Wie kamen diese Leute und Gruppen zu der Ehre, auf offizielle Einladung des ANC hin nach Jo-

---

[9] Orkin, Mark (Hg.), Sanctions against Apartheid, Cape Town 1989, S. 15-19. Rock, Philipp, Macht, Märkte und Moral. Zur Rolle der Menschenrechte in der Außenpolitik der Bundesrepublik Deutschland in den sechziger und siebziger Jahren, Frankfurt am Main 2010 (zugl. Diss. Berlin 2009), S. 169 f.
[10] Ausnahmen von der Regel bildeten laut Rock lediglich die weitgehende Befolgung des Waffenembargos der UNO, eine Zurückhaltung im diplomatischen Verkehr und die rhetorische Verurteilung der Apartheid. Vgl. Rock, S. 137; S. 180 f.
[11] Zahlreiche Prominente (u.a. Heinrich Böll, Udo Lindenberg, Margarete von Trotta) hatten 1983 ein „Komitee für die Kündigung des Kulturabkommens Bundesrepublik Deutschland – Südafrika" gebildet. Der im Rahmen des Abkommens geregelte Austausch hielt zum Teil auch nach seiner offiziellen Kündigung weiter an. Dazu zählten zum Beispiel Kooperationen der Deutschen Welle mit dem staatlichen Rundfunk in Südafrika. Vgl. Meldung „Prominente protestieren", in: Die Zeit 41 (07.10.1983); Brief von AAB-Lokalgruppe Köln an Die Grünen im Bundestag, z.Hd. Frau Uschi Eid vom 19.11.1987, in: AAB.LG.5000K.
[12] Morgenrath, Birgit; Wellmer, Gottfried, Deutsches Kapital am Kap. Kollaboration mit dem Apartheidregime, Hamburg 2003.
[13] Rock, S. 180.

hannesburg zu reisen? Laut Einschätzung der AAB hatte die Konferenz zwei Hauptzwecke. Einerseits ging es darum, den Delegierten stellvertretend für das solidarische Engagement ihrer Gruppen in den vergangenen Jahrzehnten zu danken. Zum anderen diente sie dazu, finanzielle und materielle Ressourcen für einen bevorstehenden Wahlkampf des ANC vor den in greifbare Nähe gerückten, ersten demokratischen Wahlen zu mobilisieren.[14] Ein weiterer Zweck der Konferenz allerdings lag sicherlich auch darin begründet, das eigene Prestige im Inland zusätzlich zu stärken, indem man den zukünftigen Wählern aller Hautfarben vor Augen führte, welch hohes Ansehen der ANC weltweit offenbar genoss. Dazu passte auch die Gegenwart einiger internationaler Prominenter wie des langjährigen russischen Schachweltmeisters Anatoly Karpov oder des damaligen US-amerikanischen Box-Weltmeisters Riddick Bowe, der siegesgewiss ankündigte: „*If by chance the negotiations don't go well, I am a fighter and a champion and I am prepared to go to the bush with you to make them succeed.*"[15]

Obgleich die letzteren beiden Motive angesichts des zwar bevorstehenden, jedoch noch keineswegs erfolgreich vollzogenen Systemwechsels überwogen haben dürften, stellt sich dennoch die Frage nach der Rolle dieser „*weltweiten Anti-Apartheid-Bewegung*" im Widerstand gegen das rassistische System. Hat sie tatsächlich die Welt daran gehindert, „*die Tragödie der Apartheid zu ignorieren*" und gar dazu beigetragen, das „*System der Apartheid in die Knie zu zwingen*", wie Mandela beziehungsweise Tambo es in ihren Grußworten formulierten? Inwiefern ist es überhaupt zutreffend, von einer Bewegung zu sprechen? Wer waren ihre Angehörigen und was kennzeichnete sie als Aktivisten? Welcher Natur waren ihre Kontakte und Beziehungen zu den südafrikanischen Befreiungsbewegungen und Exilanten? Gab es eine transnationale Vernetzung unter den Aktivisten und Gruppen in den verschiedenen Ländern, die ihren weltweiten Kampf gegen die Apartheid miteinander verband? Was entfachte überhaupt ihre Solidarität und befeuerte ihr zum Teil über Jahrzehnte währendes Engagement?

---

[14] Bacia, Jürgen; Leidig, Dorothée, „Kauft keine Früchte aus Südafrika". Geschichte der Anti-Apartheid-Bewegung, Frankfurt am Main 2008, S. 271.
[15] Carlin, John, ANC Dons Gloves for Poll Fight, in: The Independent (20.02.1993).

1.2 Anti-Apartheid-Protest in der Bundesrepublik – Soziale Bewegung als gesellschaftlicher Lernprozess?

Um den aufgeführten Fragen nachzugehen bietet es sich an, auf Ansätze aus der Forschung zu sozialen Bewegungen zurückzugreifen. Dafür spricht zunächst ein äußerst nahe liegender Grund in Form der Selbstwahrnehmung der Beteiligten. Sowohl die eingangs zitierten Äußerungen wie auch der Vereinsname „Anti-Apartheid-Bewegung in der Bundesrepublik Deutschland und West-Berlin" zeigen, dass sich die Beteiligten selbst als Teil einer Bewegung verstanden. Der Zweck jenes im April 1974 gegründeten Vereins sollte ausdrücklich die *„Ingangsetzung und Organisation einer der englischen vergleichbaren Anti-Apartheidbewegung"* darstellen.[16] Ob dieses Vorhaben gelungen ist, soll in der vorliegenden Arbeit ausgehend von der sozialwissenschaftlichen Definition untersucht werden, eine soziale Bewegung sei „ein auf gewisse Dauer gestelltes und durch kollektive Identität abgestütztes Handlungssystem mobilisierter Netzwerke von Gruppen und Organisationen, welche sozialen Wandel mittels öffentlicher Proteste herbeiführen, verhindern oder rückgängig machen wollen."[17]

Inwiefern deckte sich also die Realität der *„Ingangsetzung"* einer Anti-Apartheidbewegung in der Bundesrepublik mit den Komponenten dieser Definition? Sofern ihre Mobilisierung gelang, auf welche Dauer war eine solche Bewegung gestellt? Wodurch zeichnete sich ihre kollektive Identität aus? Woraus bestand ihr Handlungssystem mobilisierter Netzwerke? Was kennzeichnete den sozialen Wandel, den die AAB herbeiführen wollte? Diese Fragen ergeben sich unmittelbar aus der zitierten Definition. Darüber hinaus soll der Versuch unternommen werden, den Wirkungsgrad der untersuchten Gruppen und Aktivisten einzuschätzen. Inwieweit konnten sie ihre Ziele erreichen? Welche Wirkungen konnten sie entfalten?

Mit der Frage nach den Wirkungen des Anti-Apartheidprotests verbindet sich zudem noch ein weiteres Argument für die Einordnung des Untersuchungsgegenstands in den Kontext der sozialen Bewegungsforschung. Heinrich Ahlemeyer zufolge gehört zu den besonderen Eigenschaften sozialer Bewegungen ihre spezielle Art der Problemwahrnehmung im Unterschied zu den einzelnen gesellschaftlichen Teilsyste-

---

[16] Der Mainzer Arbeitskreis Südliches Afrika (MAKSA) stellt sich vor, in: Dritte Welt Information, Frankfurt am Main, ohne Jahr.
[17] Rucht, Dieter, Öffentlichkeit als Mobilisierungsfaktor für Soziale Bewegungen, in: Neidhardt, Friedhelm (Hg.), Öffentlichkeit, öffentliche Meinung, soziale Bewegungen. Sonderheft der Kölner Zeitschrift für Soziologie und Sozialpsychologie 34 (1994), S. 338 f.

men.[18] Als Folge der funktionalen Ausdifferenzierung der Gesellschaft in einzelne Teilsysteme wie etwa der Politik, Wirtschaft oder Wissenschaft beanspruchen diese Teilsysteme die alleinige Autorität für ihren jeweiligen Zuständigkeitsbereich. Im Umkehrschluss ergibt sich daraus eine so genannte „legitime Indifferenz" gegenüber den anderen Teilsystemen in ihrer gesellschaftlichen Umwelt.[19] Ihre Beobachtung von gesellschaftlichen Problemen unterliegt stets den speziellen Codes ihrer jeweiligen Handlungsrationalität, wie zum Beispiel dem Gewinnstreben in der Wirtschaft. Dieses fungiert als „universale Leitdifferenz", die prinzipiell auf jedes denkbare Phänomen anwendbar ist. Ein Problem wird deshalb in der Wirtschaft erst dann handlungsleitend, sobald es zum Faktor für das Gewinnstreben wird.[20]

Soziale Bewegungen dagegen besitzen die Fähigkeit, gerade solche Missstände hervorzuheben, welche die Teilsysteme auf Grund ihrer „legitimen Indifferenz" ignorieren. Dazu nehmen sie die Verletzung bestimmter Leitwerte wie etwa der Menschenrechte zum Anlass, ihre eigene Betroffenheit oder (stellvertretend) die Betroffenheit fremder Opfer im Rahmen der Mobilisierung öffentlichen Protests zu artikulieren. Eine Möglichkeit, sich dabei Gehör innerhalb der Teilsysteme zu verschaffen, ist die Übersetzung dieser Betroffenheit in eine Sprache, „die für die Teilsysteme verständlich ist: etwa als Konsumboykott in der Wirtschaft, durch die Gründung neuer Parteien in der Politik, als Kläger im Rechtssystem, als Erkenntnisdefizit in der Forschung, etc. Auf diese Weise können soziale Protestbewegungen in den Teilsystemen Anpassungsprozesse auslösen und die Auseinandersetzung mit bestimmten Problemen anregen, die ansonsten unbearbeitet bleiben."[21] Eine wichtige Funktion sozialer Bewegungen ist demnach ihre Fähigkeit, Impulse für gesellschaftliche Lernprozesse zu liefern. Im Bezug auf den Wirkungsgrad des Anti-Apartheidprotests in Westdeutschland stellt sich also die Frage, ob ihm entsprechende Impulse für Lernprozesse innerhalb der bundesrepublikanischen Gesellschaft attestiert werden können.

In einem Satz gefasst soll also untersucht werden, welche Strukturen und Ausmaße die Mobilisierung des Protests gegen die Apartheid annahm, wodurch sich – sofern

---

[18] Ahlemeyer, Heinrich, Soziale Bewegung als Kommunikationssystem. Einheit, Umweltverhältnis und Funktion eines sozialen Systems, Opladen 1995, S. 219-229.
[19] Tyrell, Hartmann, Anfragen an eine Theorie funktionaler Differenzierung, in: Zeitschrift für Soziologie 7,2 (1978), S. 175-93.
[20] Kern, Thomas, Soziale Bewegungen. Ursachen, Wirkungen, Mechanismen, Wiesbaden 2008, S. 177. Luhmann, Niklas, Ökologische Kommunikation. Kann die moderne Gesellschaft sich auf ökologische Gefährdungen einstellen? Wiesbaden 2008.
[21] Kern, S. 183f.

gegeben – die kollektive Identität einer Anti-Apartheidbewegung auszeichnete und ob sich von ihr ausgehende Impulse für gesellschaftliche Lernprozesse nachweisen lassen. Zur Umsetzung dieses Unternehmens stellt die soziale Bewegungsforschung prinzipiell einen reichhaltigen Fundus an Instrumenten zur Analyse bereit, der es allerdings notwendig macht, eine möglichst zweckmäßige Auswahl zu treffen. Diese wird insbesondere von vier Seiten her bestimmt: Erstens durch den Untersuchungsgegenstand, zweitens durch das spezifische Erkenntnisinteresse, drittens durch den bereits erreichten Stand der Forschung, an den die Untersuchung anknüpft und viertens durch die Basis der verfügbaren Quellen. Nachdem die beiden ersten Punkte bereits skizziert worden sind, sollen nun also Forschungsstand und Quellenbasis eine kurze Erläuterung finden, um im Anschluss eine kurze Beschreibung der theoretischen und methodischen Grundlage der Untersuchung anzubieten.

1.3 Forschungsstand und Quellenbasis

Die Wahrnehmung des südafrikanischen Apartheidsystems innerhalb der westdeutschen Gesellschaft sowie die Beziehungen der BRD zur Apartheidregierung wurden bislang nur vereinzelt untersucht. Insgesamt vier Titel liegen hierzu bislang vor, die jeweils die Rolle der deutschen Politik, der deutschen Wirtschaft, der Evangelischen Kirche sowie die Protestmobilisierung durch die Gruppe „Anti-Apartheid-Bewegung" in den Fokus ihrer Betrachtung stellen.

Die erst kürzlich erschienene Dissertation von Philipp Rock wurde bereits erwähnt.[22] Es handelt sich dabei um die einzige Arbeit, die vollständig von einem unabhängigen, nicht selbst an den Ereignissen beteiligten Autoren vorgelegt wurde. In seiner Untersuchung des Einflusses von Menschenrechten und Wirtschaftsinteressen auf die Außenpolitik der BRD in den sechziger und siebziger Jahren stellen die auswärtigen Beziehungen zu Südafrika eines von drei Fallbeispielen dar. Rock zeigt auf, dass die Bundesregierung auf Grund deutscher Wirtschaftsinteressen selbst dann noch „als Gegner einer harten Politik gegenüber Südafrika agierte", nachdem sie auf der internationalen Bühne durch ihre südafrikafreundliche Politik bereits immer mehr in eine isolierte Position geraten war. Ihrem Interesse an der Begrenzung des sowjetischen Einflusses auf die nunmehr unabhängigen afrikanischen Staaten stand dabei die Skepsis der Bundesregierung gegenüber einer Machtübernahme durch den als

---
[22] Rock, Philipp, Macht, Märkte und Moral. Zur Rolle der Menschenrechte in der Außenpolitik der Bundesrepublik Deutschland in den sechziger und siebziger Jahren, Frankfurt am Main 2010 (zugl. Diss. Berlin 2009). Vergleiche auch S. 3 sowie Fußnoten 9 und 10.

kommunistisch eingeschätzten ANC entgegen. Erst die deutlicher werdende Verurteilung der Apartheid durch die US-Regierung unter Jimmy Carter sowie das Interesse an einer einheitlicheren europäischen Außenpolitik habe die Bundesregierung zu Zugeständnissen gegenüber anderen EG-Staaten veranlasst, indem sie sich zum Beispiel deren Forderungen nach einer Beendigung der Rassendiskriminierung am Arbeitsplatz anschloss.[23]

Jeweils eine weitere Arbeit liegt vor über „deutsches Kapital am Kap" sowie zur „Rolle der Kirche im Südafrikakonflikt".[24] Ausgangspunkt des Buches der beiden Journalisten Birgit Morgenrath und Gottfried Wellmer ist die im November 2002 von 30.000 Apartheidopfern in den USA eingereichte Schadenersatzklage gegen 22 internationale Konzerne, unter denen sich mit Commerzbank, Daimler Chrysler, Deutsche Bank, Dresdner Bank und Rheinmetall auch fünf deutsche Unternehmen finden. Morgenrath gehörte ab November 1994 dem Vorstand der AAB an, Wellmer hat seit den siebziger Jahren vor allem für die Informationsstelle Südliches Afrika (issa) mehrere Titel zum Thema Apartheid herausgegeben. In „Deutsches Kapital am Kap" schildern sie auf der Grundlage von Recherchen in südafrikanischen Archiven, Zeitzeugeninterviews und Presseartikeln das Ausmaß, in dem deutsche Unternehmen einerseits durch Diskriminierung schwarzer Arbeiter in Südafrika ihre Profite steigern konnten und andererseits zur Aufrechterhaltung der Apartheid durch die Gewährung von Krediten und die Lieferung von Rüstungsgütern beitrugen.

Gunther Hermann stellt fest, dass die Akzeptanz gegenüber der Apartheid in der bundesrepublikanischen Gesellschaft und insbesondere innerhalb der Evangelischen Kirche größer war als in anderen Ländern. Ausgehend von zentralen kirchlichen Resolutionen und Erklärungen zum Thema zeichnet er die Entwicklung der innerkirchlichen Auseinandersetzung mit der Apartheid nach und geht dabei auf die Unterstützung der rassistisch geprägten weißen Kirchen in Südafrika ein.

Zum Protest gegen die Apartheid in der BRD liegt bisher ebenfalls ein einziger Titel vor, nämlich „Kauft keine Früchte aus Südafrika!", benannt nach der ersten öffentlichkeitswirksamen Kampagne zum Boykott südafrikanischer Produkte. Die Publikation wurde gemeinsam vorgelegt von Dorothée Leidig, die selbst aktives Mitglied der Anti-Apartheid-Bewegung war, und von Jürgen Bacia, dem wissenschaftlichen Leiter

---

[23] Rock S. 127, S. 173 f., S. 180 f.
[24] Morgenrath, Birgit; Wellmer, Gottfried, Deutsches Kapital am Kap. Kollaboration mit dem Apartheidregime, Hamburg 2003; Hermann, Gunther J., Apartheid als ökumenische Herausforderung. Die Rolle der Kirche im Südafrikakonflikt, Frankfurt am Main 2006.

des Archivs für alternatives Schrifttum in Duisburg, zu dessen Beständen auch die Sammlung der Anti-Apartheid-Bewegung zählt. Leidig und Bacia erzählen die Geschichte der Gruppe Anti-Apartheid-Bewegung von ihrer Gründung im April 1974 bis zu ihrer Auflösung beziehungsweise ihrer Überführung in die Gruppe Koordination Südliches Afrika (KOSA) im Juli 2001.[25] Die Autoren dokumentieren vielfältige Aktivitäten der Gruppe, insbesondere die Organisation einer Reihe von Konferenzen, Kampagnen und Demonstrationen. Im Zuge dessen beschreiben sie interne Auseinandersetzungen der AAB über Bündnisse mit anderen Gruppen, das Verhältnis der AAB zu den afrikanischen Befreiungsbewegungen sowie Konflikte der AAB mit der Bundesregierung und deutschen Konzernen über deren Kooperationen mit Repräsentanten der Apartheid. Es wird geschildert, wie die militärisch-nukleare Unterstützung Südafrikas durch die deutsche Politik und Wirtschaft öffentlich von der AAB angeprangert wurde, unter anderem mit dem Ergebnis der wiederholten Verurteilung durch die Vereinten Nationen und die Organization for African Unity (OAU).[26] Dabei werden auch die guten Kontakte zu diesen Organisationen deutlich, welche Vertreter der AAB zu Konferenzen einluden und als Referenten vor Untersuchungsausschüssen anhörten.[27] Das Werk ist nicht nur für den Einstieg in das Thema „AAB" und eine erste Orientierung sehr hilfreich, sondern konnte insbesondere auch für Teile der Abschnitte 3.2, 3.3 und 4.2 der vorliegenden Arbeit aufgegriffen werden.

Neben der vier genannten Werken stützt sich die vorliegende Untersuchung vor allem auf Quellen dreierlei Herkunft. Dazu zählen erstens die Quellensammlungen der Anti-Apartheid-Bewegung (AAB), des Mainzer Arbeitskreises Südliches Afrika (MAKSA) und der Informationsstelle Südliches Afrika (issa) im Archiv für alternatives Schrifttum (afas) in Duisburg. Diese Sammlungen umfassen vornehmlich Büroakten, Korrespondenz und Pamphlete, die sich über insgesamt mehr als einhundert Regalmeter erstrecken. Der größte Teil des Materials stammt aus der Geschäftsstelle der AAB in Bonn. Dazu gehören die gesamelte Korrespondenz, Ordner zur Pressearbeit, zahlreiche Protokolle von Mitgliederversammlungen, Zusammenkünften von Lokalgruppen, Mitgliederrundbriefe und Lokalgruppenrundbriefe. Einige Ordner wurden speziell im Zusammenhang mit der Organisation einzelner Veranstaltungen an-

---

[25] Bacia, Jürgen; Leidig, Dorothée, „Kauft keine Früchte aus Südafrika". Geschichte der Anti-Apartheid-Bewegung, Frankfurt am Main 2008.
[26] Die bis 2002 bestehende OAU war die Vorläuferorganisation der Afrikanischen Union (AU).
[27] Vgl. Bacia, S. 62 ff.; S. 72 ff.

gelegt, wie zum Beispiel einem „Kongreß gegen Nukleare Zusammenarbeit" im Jahr 1978. Andere Ordner betreffen die Zusammenarbeit mit AAB-Gruppen im Ausland, den Widerstandsorganisationen ANC, PAC, SWAPO, ZANU, etc. sowie transnationalen Organisationen wie der UNO und der OAU. Hinzu kommen über hundert Plakate und mehrere hundert Fotos, die von AAB-Mitgliedern im Rahmen ihrer Aktivitäten aufgenommen wurden. Eine gewisse Anzahl Ordner ist außerdem aus den Lokalgruppen Bonn und Köln vorhanden. Zweitens werden Presseartikel aus Tages- und Wochenzeitungen herangezogen. Drittens werden, wie oben bereits anhand einiger Zitate geschehen, einige Redetexte und Pressemeldungen aus dem Web-Archiv des African National Congress einbezogen.

1.4 Analytischer Bezugsrahmen und Aufbau der Untersuchung

Das Erkenntnisinteresse dieser Arbeit richtet sich, wie bereits ausgeführt, auf den gezielten Versuch der Mobilisierung einer sozialen Bewegung. Insbesondere das Interesse an den neuen sozialen Bewegungen hat in den vergangenen Jahrzehnten zur Entwicklung eines äußerst heterogenen Forschungsfeldes geführt. Dem Aspekt der Mobilisierung kam dabei besonders im amerikanischen Kontext früh eine zentrale Rolle zu. In den siebziger Jahren entwickelt, bedeutete die so genannte Ressourcenmobilisierungstheorie einen Fortschritt gegenüber der auf den Behaviourismus zurückgehenden Vorstellung von sozialen Bewegungen als weitestgehend irrationale Phänomene, die unmittelbar auf die Betroffenheit von gesellschaftlichen Missständen zurückzuführen seien. Der Ressourcenmobilisierungsansatz betonte demgegenüber die entscheidende Bedeutung der Verfügbarkeit von Ressourcen, ihres strategisch geplanten Einsatzes sowie der zunehmenden Professionalisierung innerhalb eines sich ausdifferenzierenden sozialen Bewegungssektors. Das Augenmerk fiel deshalb insbesondere auf die zentrale Rolle sozialer Bewegungsorganisationen, die in der Folge als nahezu identisch mit der Bewegung aufgefasst wurden, an der sie Teil hatten. Bis Mitte der achtziger Jahre besaß die Ressourcenmobilisierungstheorie eine geradezu hegemoniale Position innerhalb der sozialen Bewegungsforschung, bevor die Kritik an ihrer einseitigen Konzentration auf formale Organisationen zu einer Erweiterung der Forschungsperspektiven führte. Dabei wurde insbesondere die Bedeutung von „politischen Gelegenheitsstrukturen"[28] und von „Framing-Prozessen"[29] für

---

[28] Eine einheitliche Definition politischer Gelegenheitsstrukturen, der alle Anhänger dieser heterogenen Forschungsperspektive zustimmen würden, gibt es nicht. Doug McAdam immerhin identifiziert in seinem Versuch einer Synthese der maßgeblichen europäischen und amerikanischen Exponenten

den Mobilisierungserfolg sozialer Bewegungen hervorgehoben. Inzwischen herrscht Konsens über die zentrale Bedeutung aller drei Perspektiven für den Mobilisierungserfolg.[30]

Da hier längst nicht alle Aspekte untersucht werden können, die im Rahmen der Bewegungsforschung aufgeworfen werden, wird sich die Untersuchung auf einige elementare Faktoren konzentrieren. Zwei Ansätze erweisen sich mit Bezug auf die verfügbaren Quellen und das beschriebene Erkenntnisinteresse als geeigneter Analyserahmen, nämlich die Ressourcenmobilisierungstheorie nach John D. McCarthy und Bob Edwards einerseits und das Modell der kognitiven Praxis sozialer Bewegungen nach Ron Eyerman und Andrew Jamison zum anderen. Während der erstgenannte Ansatz sich besonders zur Beschreibung der Strukturen eignet, bietet letzterer die Möglichkeit, die Entwicklung einer Bewegungsidentität zu erfassen. Beide Modelle sollen hier kurz vorgestellt werden.[31]

Der Vorschlag von Edwards und McCarthy einer Typologisierung der Ressourcen, die sozialen Bewegungen grundsätzlich zur Verfügung stehen, bietet eine Richtschnur zur Beschreibung des Umfangs und der Art und Weise der Mobilisierung. Die fünf Ressourcentypen ihres Modells stellen als analytische Kategorien einen geeigneten Filter zur Suche und Auswertung der Quellen dar.[32]

---

dieses Modells vier Dimensionen politischer Gelegenheiten, über die Konsens herrscht: 1. Der Grad der Offenheit des institutionalisierten politischen Systems 2. Die Stabilität der Anordnung politischer Eliten in verschiedene politische Lager 3. Die Möglichkeit, Verbündete innerhalb der politischen Elite zu finden 4. Die Fähigkeit und Neigung des Staates zur Repression. Vgl. McAdam, Doug, Conceptual Origins, Current Problems, Future Directions, in: McAdam, Doug; McCarthy, John D.; Zald, Mayer N. (Hg.), Comparative Perspectives on Social Movements. Political Opportunities, Mobilizing Structures, and Cultural Framings, Cambridge 1996, S. 26ff.

[29] Dieser Ansatz betont die Funktion sozialer Bewegungen als Produzenten von Bedeutungen und Interpretationen gesellschaftlicher Wirklichkeit. Die spezielle Funktion des Framings liegt dabei in der Inspiration und Legitimation der Mobilisierung und der Aktivitäten sozialer Bewegungen durch eine Deutung gesellschaftlicher Problemlagen in Form von Problemdiagnosen, Lösungsvorschlägen sowie Motivationsstrategien zur Mobilisierung potenzieller Anhänger und Sympathisanten. Vgl. Kern, S. 142ff; Snow, David A.; Benford, Robert D., Framing Processes and Social Movements: An Overview and Assessment, in: Annual Review of Sociology 26 (2000), S. 611-39.

[30] McAdam, Doug; McCarthy, John D.; Zald, Mayer N., Introduction: Opportunities, Mobilizing Structures, and Framing Processes – Toward a Synthetic Comparative Perspective on Social Movements, in: McAdam, Doug; McCarthy, John D.; Zald, Mayer N. (Hg.), Comparative Perspectives on Social Movements. Political Opportunities, Mobilizing Structures, and Cultural Framings, Cambridge 1996, S. 2ff. Für einen ansatzweisen Überblick über die Heterogenität der Bewegungsforschung siehe Snow, David A.; Soule, Sarah A.; Kriesi, Hanspeter, Mapping the Terrain, in: Dies., The Blackwell Companion to Social Movements, Oxford et al. 2004, S. 3-16.

[31] Edwards, Bob; McCarthy, John D., Resources and Social Movement Mobilization, in: Snow, David A.; Soule, Sarah A.; Kriesi, Hanspeter, The Blackwell Companion to Social Movements, Oxford et al. 2004, S. 116-51; Eyerman, Ron; Jamison, Andrew, Social Movements. A Cognitive Approach, Oxford 1991.

[32] Edwards; McCarthy, S. 125. Die Autoren nennen an dieser Stelle Pierre Bourdieus Modell des ökonomischen, kulturellen und sozialen Kapitals zur Erklärung der Struktur und Dynamik differenzierter Gesellschaften als Inspirationsquelle für ihre Typologie.

Zu den *moralischen Ressourcen (1)* zählen zum Beispiel Legitimität, Solidarität, Sympathie und Prominenz. Als Beispiel für einen Weg zur Erlangung von Legitimität wird die Nachahmung institutionell legitimierter Eigenschaften angeführt. Moralische Ressourcen können einer Bewegung von außerhalb verliehen und genauso wieder entzogen werden, „through public acts of disavowal, backstage by spreading the word informally to interested parties, or by simple atrophy."[33] Zu den *kulturellen Ressourcen (2)* gehören sowohl allgemeine Fertigkeiten als auch spezialisiertes Expertenwissen. „These include tacit knowledge about how to accomplish specific tasks like enacting a protest event, holding a news conference, running a meeting, forming an organization, initiating a festival, or surfing the web." Ferner zählen dazu kulturelle Erzeugnisse wie Broschüren, Bücher, Filme, Poster, Musik, etc., welche die Fähigkeit zu kollektivem Handeln steigern und der Bewegung zur Mobilisierung neuer Anhänger verhelfen.[34]

Zu den *sozial-organisatorischen Ressourcen (3)* gehören die Infrastrukturen, sozialen Netzwerke und Organisationen, die einer Bewegung für das Erreichen ihrer Ziele zur Verfügung stehen. Dabei kann es sich um bereits bestehende Strukturen handeln, von denen eine Bewegung profitiert, als auch um Organisationsformen, die extra zur Beförderung der Bewegungsziele geschaffen werden.[35] *Menschliche Ressourcen (4)* bezeichnen die Individuen, die Bewegungen mit individueller Arbeitskraft, Erfahrung, Fertigkeiten, Expertise und Führungsqualitäten versorgen. Die gesonderte Aufführung der Kategorie verweist auf den Umstand, dass kulturelle Ressourcen zwar prinzipiell übertragbar sind, jedoch von verschiedenen Individuen nicht in gleicher Weise gehandhabt werden können. „For example, a prominent physician may have little more to offer than a high-school intern if an SMO needs someone to evaluate the methodology of an environmental equity impact assessment, and the high-school intern may be the best choice to recruit six volunteers to distribute fliers." Die Kategorie *materieller Ressourcen (5)* schließlich umfasst das gesamte verfügbare physische und finanzielle Kapital in Form von Geld, Räumlichkeiten und Ausrüstung.[36]

Eine entscheidende Voraussetzung dafür, dass eine Mobilisierung überhaupt stattfindet, ist allerdings das Vorhandensein einer kollektiven Identität, die einen tragfähigen Bezugsrahmen für das kollektive Handeln der Anhänger einer Bewegung bietet.

---

[33] Ebd., S. 126.
[34] Ebd.
[35] Ebd., S. 127
[36] Ebd., S. 128.

Denn jede soziale Interaktion basiert auf unhinterfragten Grundannahmen, an denen sich die beteiligten Akteure orientieren, um eine Situation zu interpretieren und entsprechend zu handeln. Informiert wird die kollektive Identität durch spezifische Ideen, Ideale und Werte, die das gemeinsame Handeln motivieren und ihm eine Zielrichtung vorgeben. Die Herausbildung dieser Identität lässt sich ferner als Prozess verstehen, in dessen Verlauf soziale Bewegungen grundlegende Widersprüche und Spannungen der sie umgebenden Gesellschaft konzeptionell erfassen und zur Sprache bringen.[37]

Eyerman und Jamison deuten soziale Bewegungen als Träger neuer Ideen, als Produzenten temporärer öffentlicher Räume zur Artikulation neuer Ideen, Ideale und Identitäten innerhalb der Gesellschaft.[38] Als solche besitzen sie eine vermittelnde Funktion, indem sie ihr kollektives Handeln in symbolische Herausforderungen übersetzen, „that upset the dominant cultural codes and reveal their irrationality and partiality by acting at the levels [...] at which the new forms of technocratic power also operate." Dabei stellen sie einerseits herrschende Strukturen in Frage und produzieren darüber hinaus neues Wissen im Zuge ihrer *kognitiven Praxis*.[39] Die kognitive Praxis einer Bewegung verkörpert die Artikulation ihrer kollektiven Identität. Dieser Vorgang stellt einen gesellschaftlichen Lernprozess dar, dessen Strukturen von Bewegungsorganisationen bereitgestellt werden, die den beteiligten Individuen einen Raum zur kreativen Interaktion bieten. Diese Interaktion erhält eine neue Dimension, sobald mehrere Organisationen in den Prozess eintreten und ihn so in einen größeren, gesellschaftlichen Zusammenhang stellen.[40]

Das Konzept der kognitiven Praxis setzt sich zusammen aus drei komplementären Komponenten, welche die weltanschaulichen Vorannahmen, die Artikulation von Kritik sowie die Organisation des Protests umfassen.[41] Die Autoren wenden dabei Jürgen Habermas transzendentale Kategorie der *Erkenntnisinteressen* auf den historischen Kontext sozialer Bewegungen an, so dass sie sich empirisch in Archiven aufspüren lässt, indem sie in Protokollen, Broschüren, Briefen, etc. „lesbar" wird. Die

---

[37] Eyerman, Ron; Jamison, Andrew, Social Movements. A Cognitive Approach, Oxford 1991, S. 56. Kern, S. 145.
[38] Ebd., S. 3f.
[39] Ebd., S. 48. Die Autoren zitieren hier Melucci, Alberto, Social Movements and the Democratization of Everyday Life, in: Keane, John (Hg.), Civil Society and the State, London 1988, S. 249.
[40] Eyerman & Jamison, S. 55.
[41] Ihre Unterteilung in „kosmologische", eine „technologische" und eine „organisatorische" Dimensionen geht zurück auf den Kontext der Umweltbewegung, in dem Eyerman und Jamison ihr Konzept ursprünglich erarbeitet haben. Statt diese Bezeichnungen zu übernehmen wird hier im Weiteren schlicht von kognitiver Praxis beziehungsweise ihren jeweiligen Komponenten die Rede sein.

weltanschauliche Dimension umfasst die Grundannahmen, aus denen sich kollektives Handeln ableitet, also zum Beispiel die Einstellungen zur Apartheid, zur bundesrepublikanischen Gesellschaft und zur Beziehung zwischen beiden. Dazu gehören Vorstellungen, welche die betreffende Bewegung nicht notwendig selbst entwickelt haben muss, die sie aber in die Öffentlichkeit trägt. Methodisch bedeutet dies, nach den Paradigmen, Werten und Ideen Ausschau zu halten, die in soziale Aktivitäten übersetzt und im Aktionsrepertoire, in Veröffentlichungen und internen Dokumenten der Akteure artikuliert werden. Welche Ideale werden dabei vorausgesetzt und in welchen Phrasen, Symbolen und Bildern kommen sie zum Ausdruck? In welcher Weise werden die Sichtweisen von außen attackiert und was bedeutet dies für die strategische Ausrichtung der Bewegung, etwa im Bezug auf ihre Einstellung zum Kommunismus oder ihr Verhältnis zu politischen und wirtschaftlichen Akteuren?[42]
Während die weltanschauliche Dimension also den theoretischen Hintergrund ausmacht, umfasst die zweite Dimension deren praktische Anwendung. Sie bezeichnet die konkrete Kritik an Missständen, wie sie durch die praktische Anwendung der weltanschaulichen Konzepte auf die soziale Realität identifiziert werden. Wogegen also wird protestiert und in welcher Form? Welche Problemlösungen werden vorgeschlagen beziehungsweise gefordert? Wie und wo wird dies artikuliert? Als dritte Komponente schließlich identifizieren Eyerman und Jamison die organisatorische Dimension. Wie wurde die Verbreitung der Kritik und des Protests organisiert? Über welche Kanäle wurde kommuniziert? Was kennzeichnete die Organisationsstrukturen der Bewegung?[43]
Der Aufbau der Arbeit orientiert sich im dritten Abschnitt grob an den Komponenten der kognitiven Praxis. Zunächst jedoch soll im zweiten Abschnitt der historische Hintergrund des Anti-Apartheid-Kampfes in Südafrika selbst skizziert werden, unter besonderer Berücksichtigung der Bemühungen südafrikanischer Gruppen um internationale Solidarität und Unterstützung. Welche konkreten Appelle, Kontakte und Kooperationen sind bekannt? Das dritte Kapitel widmet sich zuerst den Hintergründen, die den Versuch der Bewegungsmobilisierung in der BRD überhaupt veranlassten. Anhand des Archivmaterials wird deutlich, dass die Ausweisungspolitik der Apartheidregierung eine entscheidende Rolle spielte. Im Abschnitt 3.2 geht es um die organisatorische Dimension der kognitiven Praxis. Hier werden die Strukturen und Kanäle beschrieben, die die Verbreitung der Kritik leiteten. Dazu gehören insbesondere der

---

[42] Ebd., S. 61f; S. 68, S. 70ff. Habermas, Jürgen, Erkenntnis und Interesse, Frankfurt am Main 1968.
[43] Ebd., S. 75ff.

organisatorische Aufbau der Bewegung sowie ihre Kommunikationswege. Anschließend wird der Versuch unternommen, anhand der Archivquellen einige zentrale Vorannahmen auszumachen, die sich für die Aktivitäten der Bewegung als handlungsleitend erwiesen. Der Abschnitt 3.4 untersucht die Protestpraxis im Hinblick auf das gesellschaftliche Teilsystem der Politik, indem er sich mit dem Protest gegen das Kulturabkommen zwischen der BRD und Südafrika ein konkretes Beispiel herausgreift. Was ist der Gegenstand der Kritik und wie wird die Kritik artikuliert? Der vierte Abschnitt schließlich widmet sich der transnationalen Dimension des Protests. Die Entwicklung von Anti-Apartheid-Bewegungen etwa in Großbritannien, den Niederlanden, Schweden, Neuseeland, Australien oder den USA ist in anderen Forschungsarbeiten bereits untersucht worden. Welche Kontakte und Interaktionen lassen sich also zwischen den Aktivisten in der BRD und in anderen Ländern feststellen? Gab es einen Transfer von Ideen? Werden Gemeinsamkeiten und Unterschiede augenfällig? Wie ausgeprägt war außerdem die Zusammenarbeit mit transnationalen Organisationen wie der UNO und der OAU sowie mit den südafrikanischen Befreiungsbewegungen?

2. Vom Protest zum Widerstand: Die Anti-Apartheid-Bewegung in Südafrika (1886-1989)

"From 1886 the story of South Africa is the story of gold." [44]

- Cornelis W. De Kiewiet

"A Modern History of South Africa must begin in 1952, the year of the Tercentenary and the Nationalist Victory. As we look back from this distance of time we see that year standing out as a kind of watershed in the story of the country, the greatest turning point since its settlement by white men three hundred years before." [45]

- Arthur M. Keppel-Jones

---

[44] De Kiewiet, Cornelis W., A History of South Africa Social and Economic, London 1972, S. 114.
[45] Keppel-Jones, Arthur M., When Smuts goes. A history of South Africa from 1952 to 2010, first published in 2015, London 1947. Mit seiner dystopischen „Geschichte" warnte der südafrikanische Historiker Arthur Keppel-Jones vor den möglichen Folgen eines Wahlsiegs der *Nasionale Party*, den der Autor für das Jahr 1952 prognostizierte. Keppel-Jones beschreibt eine Jahrzehnte lang währende Gewaltherrschaft, die schließlich in einen Bürgerkrieg mit tausenden Todesopfern mündet und mit dem militärischen Eingreifen der Vereinten Nationen endet. Tatsächlich sollte die *Nasionale Party* bereits ein Jahr nach Veröffentlichung des Buchs, in den Wahlen 1948, die Regierungsmacht erringen. Keppel-Jones behielt allerdings Recht damit, dass die Nationalisten Südafrika auf Jahrzehnte hinaus regieren, international isolieren und die große Mehrheit der Bevölkerung unterdrücken würden.

2.1 Wurzeln des Widerstands: Vom Minenkapitalismus über die Entstehung eines modernen Staats zur Etablierung der Rassentrennung in Südafrika (1886-1940)

Der Begriff "Apartheid" tritt im allgemeinen Sprachgebrauch geradezu als Synonym für Rassentrennung auf und wird bisweilen auch auf andere Fälle als den historischen Kontext Südafrikas übertragen, dem er entstammt. Bezüglich der südafrikanischen Geschichte wird er oftmals auf die gesamte Entwicklung der Rassentrennung ausgedehnt. Dabei gerät aus dem Blick, dass es sich bei der Apartheid um eine spezifische rassistische Ideologie und die aus ihr abgeleitete Form der Gesellschaftsordnung handelte, die von der Politik in Südafrika vor dem Sieg der *Nasionale Party* in den Wahlen von 1948 zu unterscheiden sind.[46] Die Ideologie der Apartheid wurde seit den 1930er Jahren von burischen Intellektuellen ausformuliert und über Zeitschriften, Bücher und innerhalb von Studentenverbindungen auf nationaler Ebene verbreitet.[47]

Gleichwohl reichen sowohl die Wurzeln der Apartheid als auch des Widerstands gegen dieses Gesellschaftsmodell zurück bis zur Entdeckung der immensen Goldvorräte am Witwatersrand im Jahr 1886 und der sich anschließenden Modernisierung des Landes.[48] Der Bau von Eisenbahnen und die Etablierung moderner staatlicher Infrastrukturen ermöglichten die landesweite Integration der Wirtschaft und die systematische Rekrutierung großer Zahlen von Arbeitskräften, wie sie für die Minen und die um sie herum entstehende Wirtschaft benötigt wurden. Zugleich führten die riesigen Mineralienvorkommen zu einer Verschärfung der Interessenskonflikte zwischen Buren und Briten, deren Eskalation schließlich den Zweiten Burenkrieg (1899-1902) nach sich zog.[49]

---

[46] Vgl. zum Beispiel den deutschsprachigen Eintrag zu „Apartheid" in der Internet-Enzyklopädie Wikipedia, wo die gesamte Politik der südafrikanischen Rassendiskriminierung im 20. Jahrhundert unter dem Begriff Apartheid subsumiert wird. Lediglich en passant findet sich der einschränkende Hinweis, dass die Zeit vor 1948 „im engeren Sinne" nicht zur Periode der Apartheid zählt. http://de.wikipedia.org/wiki/Apartheid. Abgerufen am 24.03.2011. Die *Nasionale Party* regierte Südafrika durchgehend bis zum Wahlsieg des ANC im April 1994.
[47] Louw, P. Eric, The Rise, Fall, and Legacy of Apartheid, Westport 2004, S. 28f. Louw bietet einen prägnanten Überblick zu Ideologie und Praxis der Apartheid.
[48] Allein 1898, ein Jahr vor Ausbruch des Zweiten Burenkriegs und zwölf Jahre nach dem ersten Fund, wurden am Witwatersrand fast 120 Tonnen Gold gefördert. Dies entsprach mehr als einem Viertel der weltweiten Produktion. Vgl. Ross, S. 65.
[49] Der unvorhergesehene Reichtum der Buren erwuchs in den Augen der Briten zu einer ernsthaften Bedrohung ihrer eigenen Hegemonialansprüche über das südliche Afrika sowie für die Vision des Premierministers der Kapkolonie, Cecil John Rhodes, eines durchgehend britischen Territoriums „*vom Kap bis Kairo*". Wichtigster Streitpunkt in der öffentlichen Debatte zwischen den Konfliktparteien war die Verwährung des Wahlrechts für Ausländer, die zu Kriegsbeginn zwei Drittel der Bevölkerung in der (burischen) Südafrikanischen Republik stellten. Ein weiterer wesentlicher Kriegsgrund bestand in der

Nach ihrem Sieg verfolgten die Briten in Südafrika zwei zentrale Ziele in Form der Modernisierung der Wirtschaft und der Anglisierung der Bevölkerung der im Entstehen begriffenen südafrikanischen Nation.[50] So entstand im Jahr 1910 auf dem Hoheitsgebiet des heutigen Südafrika zum ersten Mal ein einheitlicher Flächenstaat, indem die beiden britischen Gebiete der Kapkolonie und der Provinz Natal sowie die beiden Burenrepubliken des Oranje-Freistaats und der Südafrikanischen Republik offiziell zur Südafrikanischen Union zusammengeführt wurden. Deren gesamte Bevölkerung wurde in diesem Zuge zu Untertanen der britischen Krone. Erst die Entwicklung dieses Staates und der damit einhergehende Aufbau einer landesweiten Bürokratie ermöglichten einen umfassenden Zugriff auf die gesamte Bevölkerung Südafrikas.[51]

Bereits während der Phase des Wiederaufbaus nach dem Krieg hatte die Regierung unter dem britischen Hochkommissar Lord Alfred Milner gezielt einen Modernisierungsprozess in Gang gesetzt, in dessen Verlauf das durch kleinbäuerliche Landwirtschaft geprägte Südafrika zu einem kapitalistischen Industriestaat nach liberalen Vorstellungen geformt wurde. Die Subsistenzwirtschaft wurde zurückgedrängt und weite Teile der ländlichen Bevölkerung afrikanischer und burischer Abstammung proletarisiert, indem erstmals flächendeckend private Ansprüche auf Landbesitz definiert und durchgesetzt wurden. Je mehr die Möglichkeiten zur freien und gemeinschaftlichen Bewirtschaftung des Landes schwanden, desto mehr erhöhte sich der Druck zur Lohnarbeit. Durch den Einsatz lokaler Behörden zur Durchsetzung von Kopf- und Hüttensteuern wurde der Zwang zur Arbeit in den Minen zusätzlich gesteigert.[52]

Erst das Aufbrechen der kleinbäuerlichen Strukturen ermöglichte die maximale Ausbeutung der Rohstoffe und somit die Maximierung der Profite aus der Minenwirt-

---

Wirtschaftspolitik der Regierung unter Paul Krüger, die zum Beispiel durch die Vergabe von Monopolen auf Dynamit, Wasser und Eisenbahnlinien die Kosten der britischen Konsortien zur Erschließung der Minen erheblich in die Höhe trieb. Vgl. Yudelman, David, The Emergence of Modern South Africa. State, Capital, and the Incorporation of Organized Labor on the South African Gold Fields, 1902-1939, Westport (Connecticut) 1983, S. 19ff. Louw, S. 1-17. S. 22. Davenport, S. 213-22. Ross, Robert, A Concise History of South Africa, Cambridge (United Kingdom) 1999, S. 54-72. Grundlingh, Albert M., Prelude to the Anglo-Boer War, 1881-1899, in: Cameron, Trewhella, A New Illustrated History of South Africa, Johannesburg 1986, S. 183-99.
[50] Louw, S. 11.
[51] Im Juni 1900 hatten die Briten die Eroberung des gesamten Territoriums der beiden Burenrepubliken erreicht. Der sich anschließende Guerillakrieg endete am 31. Mai 1902 mit dem Friedensschluss von Vereeniging. Mehr als 22.000 Briten wurden im Zweiten Burenkrieg getötet. Auf Seiten der Buren starben mehr als 30.000 Menschen, etwa ein Zehntel der damaligen burischen Bevölkerung Südafrikas, Vgl. Thompson, Leonard, A History of South Africa, Yale 1990, S. 137; 146. Ross, S. 72; S. 79ff; S. 86f. Davenport, S. 223-34. Ein Beispiel für den Zugriff des neuen Staates auf seine Bevölkerung ist die erstmalige Erhebung eines Zensus in Südafrika im Jahr 1911. Vgl. Ross, S. 87.
[52] Louw, S. 1-26. Davenport, S. 213-22. Yudelman, S. 131f.

schaft, wie Lord Milner hervorhob: „*The Transvaal possesses an amount of mineral wealth [...], which properly developed, should make it a rich country, humanly speaking, for ever. [...] No doubt it is not economic measures alone which will achieve that result. A social change is also necessary, [...] to reinforce the Boer population, who have been too few, and far too easy-going, to do even the remotest justice to the vast natural capabilities of the soil, on which, for the most part, they have done little more than squat.*" [53]

Um Südafrika mit seinen Bodenschätzen als Bestandteil des Empires zu sichern sollte die gesamte, besonders jedoch die burische Bevölkerung anglisiert werden, indem gezielt die Einwanderung weiterer britischer Siedler befördert und englisch zur einzigen Amts- und Verkehrssprache erklärt wurde: „*Dutch should only be used to teach English, and English to teach everything else*", so Milner.[54] In Reaktion auf diese Politik entstanden jedoch ab 1904 zweihundert so genannte *Christelik-Nasionale Onderwys*[55]-Schulen, in denen in holländischer Sprache unterrichtet wurde. Darüber hinaus wurden die Schüler in den CNO-Schulen mit der Vorstellung vertraut gemacht, dass jedes Volk eigens von Gott erschaffen worden sei und somit ein Recht auf die Entfaltung seiner eigenen Sprache und Gebräuche hätte. Zudem änderte auch die Einwanderung weiterer europäischer Siedler nicht viel an den Mehrheitsverhältnissen im Land.[56] Da die Buren nach wie vor über 60% der wahlberechtigten Bevölkerung stellten, konnten die Briten ihren Einfluss nur durch eine Bündnispolitik mit ihnen waren. Als eine Konsequenz hieraus wurde in der Verfassung der Südafrikanischen Union nicht das von Milner favorisierte, nach Besitzstand und Lesefähigkeit qualifizierte Wahlrecht der Kapkolonie übernommen, sondern Afrikaner von den Wahlen in den übrigen Provinzen grundsätzlich ausgeschlossen.[57]

Obwohl zu den 135.168 Wählern, die im Jahr 1903 in der Kapkolonie registriert waren 18.279 Afrikaner zählten, wurden ihre Interessen im Parlament kaum berücksichtigt, da sie keine eigenen Vertreter zur Wahl stellen konnten. Lediglich zum Zweck ihrer Beschwichtigung wurden zum Beispiel 1889 die Beschränkungen durch ein Gesetz über die Pflicht zum Tragen von Pässen leicht gemildert, nachdem eine Gruppe afrikanischer Intellektueller unter Führung des Herausgebers der Zeitung *Isigidimi*

---

[53] Zitiert nach Louw, S. 14f.
[54] Zitiert nach Louw, S. 18.
[55] „christlich-nationale Bildung"
[56] Ungefähr 350.000 Europäer kamen zwischen 1904 und 1936 nach Südafrika. Vgl. Louw, S. 21. Ross, S. 81ff.
[57] Louw, S. 17ff. Grobler, Jackie, A Decisive Clash? A Short History of Black Protest Politics in South Africa, 1875-1976, Pretoria 1988, S. 26-34.

Sama Xosa[58], John Tengo Jabavu, persönlich bei Parlamentariern in Kapstadt protestiert hatte. Derartige Teilerfolge bestärkten die beteiligten Afrikaner zunächst in dem Glauben, in Form solcher Deputationen ein geeignetes Mittel zur Wahrung ihrer Interessen gefunden zu haben. Als zwanzig Jahre später über das Wahlrecht in der Union bestimmt wurde, griffen sie ebenfalls darauf zurück.[59]

Die Veröffentlichung des Verfassungsentwurfs der Südafrikanischen Union Anfang 1909 rief Empörung unter Afrikanern in ganz Südafrika hervor, nachdem viele von ihnen im *„White Men's War"* auf Seiten der Briten in den Kampf gezogen waren. Ihre Hoffnung auf die Ausweitung des Wahlrechts der Kapkolonie auf die gesamte Union wurde nun enttäuscht. Als Gegenstück zur *South African National Convention* wurde deshalb am 24. März 1909 in Bloemfontein mit der *South African Natives Convention* zum ersten Mal eine Versammlung einberufen, die afrikanische Delegierte aller Volksgruppen und Regionen Südafrikas vereinte. Diese *Convention* wählte acht Vertreter, die gemeinsam mit dem ehemaligen Premierminister der Kapkolonie W.P. Schreiner nach London reisten und dort bei Abgeordneten des *House of Commons* Protest gegen die diskriminierenden Wahlrechtsvorkehrungen des Verfassungsentwurfs einlegten. Ihre Mission blieb jedoch erfolglos, da das britische Parlament die Verfassung billigte und durch die Verabschiedung des *South Africa Act* die Gründung der Südafrikanischen Union als eigenständigen neuen Staat besiegelte.[60]

Ihre mehrwöchige Reise bot den Delegierten allerdings Gelegenheit, die Notwendigkeit einer nationalen Organisation zur Vertretung der gemeinsamen Interessen aller *Natives* in Südafrika zu erörtern. Ihre eigenen Bestrebungen, die *South African Natives Convention* als dauerhaften Zusammenschluss fortzuführen scheiterten letztlich, inspirierten aber südafrikanische Studenten, mit denen sie während ihres Aufenthaltes in England zu Diskussionen zusammentrafen, selbst entsprechende Überlegungen anzustellen. Zwei Jahre nach seinem Treffen mit der Delegation in London als Student kehrte Pixley ka Isaka Seme, der Jura in Oxford und an der Columbia University in New York studiert hatte, als Anwalt zurück nach Südafrika.[61]

---

[58] *Isigidimi Sama Xosa („Der Xhosa-Botschafter")* war die erste, 1876 von Afrikanern gegründete Zeitung, die komplett auf xhosa eschien. Zuvor hatten christliche Missionare an verschiedenen Orten in Südafrika einige Druckerpressen eingerichtet, so dass mit *Umshumayeli Wendaba („Verkünder der Nachrichten")* bereits ab 1837 zum ersten Mal eine Zeitung komplett in xhosa erschien. Vgl. Grobler, S. 11.
[59] Grobler, S. 7-10; S. 20.
[60] Vgl. Grobler, S. 26ff.
[61] Ebd., S. 35ff. Davenport, S. 273. Couzens, Tim; Rive, Richard, Seme. Founder of the African National Congress, Johannesburg 1991, S. 22f.

Gemeinsam mit einigen weiteren jungen schwarzen Anwälten, die ebenfalls in Übersee studiert hatten, veröffentlichte er einen Appell in mehreren Zeitungen, in dem er die Einheit aller schwarzen Südafrikaner beschwor und zur Gründung eines *"South African Native Congress"* aufrief: *"The demon of racialism, the aberrations of the Xhosa-Mfengu feud, the animosity that exists between the Zulus and the Tsongas, between Basutos and every other Native must be buried and forgotten; it has shed among us sufficient blood! We are one people. These divisions, these jealousies, are the cause of all our woes and of all our backwardness and ignorance today."* [62]

In einem Rundbrief an alle Stammesoberhäupter und alle Führer bereits existierender afrikanischer Organisationen der Union luden Seme und seine Mitstreiter dazu ein, sich auf einer Konferenz an der Gründung der Organisation zu beteiligen. Etwa 60 Vertreter, vornehmlich Häuptlinge, Anwälte, Geistliche, Lehrer, Angestellte und Journalisten, folgten dem Aufruf, um am 8. Januar 1912 in Bloemfontein den *South African Native National Congress (SANNC)* zu gründen. Erst im Jahr 1923 sollte der SANNC seinen Namen schließlich abkürzen um fortan unter der Bezeichnung zu firmieren, unter der er Südafrika gut siebzig Jahre später erstmals regieren sollte: *African National Congress (ANC)*. [63]

Die federführende Rolle von Anwälten bei der Gründung des ANC war insofern bezeichnend für die politischen Aktivitäten schwarzer Südafrikaner vor dem Zweiten Weltkrieg insgesamt, als diese im Wesentlichen auf den kleinen Kreis einer urbanisierten und christianisierten Bildungselite beschränkt blieben. Bis zum Jahr 1909 hatten 170.000 afrikanische Kinder eine Grundschulbildung durch britische und amerikanische Missionare erhalten. Einige hundert dieser Schüler genossen darüber hinaus eine individuelle Förderung durch einzelne Missionare, die ihnen ein Studium in Übersee finanzierten. Zu dieser Elite zählte auch Pixley ka Isaka Seme, dessen Förderer Pfarrer Stephen C. Pixley zugleich auch sein Namenspate war.[64] Weder dem ANC noch einer anderen Organisation gelang es vor dem Zweiten Weltkrieg, nachhaltigen Widerstand gegen rassistische Gesetze zu mobilisieren. Im Gegenteil ver-

---

[62] Seme, Pixley ka Isaka, Native Union (1911), in: Asmal, Kader, Legacy of Freedom. The ANC's Human Rights Tradition, Johannesburg 2005, S. 43f.
[63] Asmal, S. 42-44; Grobler, S. 35ff. Holland, Heidi, ANC. Nelson Mandela und die Geschichte des African National Congress, Braunschweig 1990 (Übers. Aus d. Engl.: Andrea Galler u. Helmut Dierlamm), S. 41ff.
[64] Ihre Motivation begründete sich wesentlich in ihrer Missionstätigkeit. Semes Förderer Reverend Pixley etwa hoffte, *"that he may be fitted to be a teacher of a high type of piety and ultimately a missionary to the Zulu people."* Zitiert nach Couzens, S. 13. Vgl. Benson, Mary, The African Patriots. The Story of the African National Congress of South Africa, London 1963, S. 25ff. Hodgkin, Thomas, Nationalism in Colonial Africa, London 1962[4], S. 140. Grobler, S. 35; S. 41-75.

traute die schwarze Bildungselite darauf, dass ihr Vortrag vernünftiger Argumente bei Parlamentariern entscheidende Zugeständnisse zeitigen würde. So empfahl der erste Präsident des SANNC, John Dube, den Ausspruch des römischen Kaisers Augustus, „festina lente" („Eile mit Weile"), als Motto für seine Organisation, „in hopeful reliance in the sense of common justice and love of freedom so innate in the British character."[65]

Neben diesem bald enttäuschten Vertrauen in die Einsichtigkeit der Weißen standen dem Entstehen einer Bewegung auf nationaler Ebene zunächst drei Trennlinien im Wege. Erstens war keine breitere Bevölkerungsbasis vorhanden, die wie von Seme beschworen, die Unterschiede zwischen den diversen Volksgruppen zugunsten einer (schwarzen) nationalen Identität hinter sich lassen wollte. Zweitens hatten sich die politischen Führer der Zeit zwischen den Weltkriegen durch ihre christlich-missionarische Bildung und ihr Studium in Übersee von ihren traditionellen Wurzeln stark entfernt und strebten nach Assimilation in die europäische Kultur. „Onward! Upward! Into the higher places of civilization and Christianity – not backwards into the slump of darkness nor downward into the abyss of antiquated tribal systems", forderte John Dube auf der Gründungskonferenz des SANNC.[66]

Drittens waren die Anwälte, Journalisten und Geistlichen vom Großteil der schwarzen Bevölkerung schon allein räumlich getrennt, denn laut amtlichem Zensus des Jahres 1936 lebten nur ca. 17% von ihnen in Städten.[67] Selbst in Johannesburg, der Stadt mit den meisten schwarzen Einwohnern, stellten die Weißen noch die Mehrheit der Bevölkerung. Passgesetze behinderten zudem den Zugang schwarzer Landbewohner in die städtischen Bastionen der Weißen, welche nach damals vorherrschenden Theorien über den Fortschritt unterschiedlicher Rassen keine „passende" Umgebung für Afrikaner darstellten.[68]

Seit den 1930er Jahren verstetigte sich jedoch die Urbanisierung unter schwarzen Südafrikanern. Kamen sie vormals nur saisonal als Wanderarbeiter in die „mining compounds" am Rande der Städte, etablierten sie sich dort nun dauerhaft mit ihren Frauen und Kindern. Die ihnen zugewiesenen Reservate erwiesen sich als zu klein

---

[65] Zitiert nach Walshe, Peter, The Rise of African Nationalism in South Africa. The African National Congress, 1912-1952, Berkeley 1971, S. 37f.
[66] Zitiert nach Walshe, S. 38. Vgl. Grobler, S. 38f.
[67] Unter weißen Südafrikanern betrug der Anteil der Städter 1936 zwei Drittel. Vgl. Thompson 1990, S. 166.
[68] Beinart, William, Twentieth Century South Africa, Oxford und New York 2001², S. 122-36. Dubow, Saul, The Elaboration of Segregationist Ideology, in: Beinart, William; Dubow, Saul (Hg.), Segregation and Apartheid in Twentieth Century South Africa, London und New York 1995, S. 154ff. Louw, S 105-10. Thompson 1990, S. 163-77.

und die dortigen Äcker und Weiden als unzureichend, um die Lebensgrundlage für alle Bewohner zu gewährleisten. Zugleich entstanden in den Städten immer mehr Arbeitsplätze in der verarbeitenden Industrie, die zunehmend mit Afrikanern besetzt wurden. Damit vergrößerte sich sowohl die Basis zur Mobilisierung von öffentlichem Widerstand gegen rassistische Unterdrückung als auch das Gefühl der Bedrohung unter den Weißen, das der britisch-stämmige Parlamentarier Heaton Nichols 1937 wie folgt auf den Punkt brachte: „[T]he towns constitute the front trenches of our position in South Africa. It is in the towns that seige is being made against our civilized standards."[69]

2.2 „Africa for the Africans": Vom zivilen Ungehorsam über das Massaker von Sharpeville zum bewaffneten Widerstandskampf (1940-68)

In Südafrikas Städten kam es nun immer häufiger zu Kontakten zwischen Angehörigen verschiedener Volksgruppen, die zuvor räumlich getrennt gelebt hatten. Erstmals arbeiteten mehr Afrikaner in der verarbeitenden Industrie *in* den Städten als in den Minenkomplexen *außerhalb* der Städte. Während die soziodemografische Entwicklung das Potenzial des ANC zur Mobilisierung einer urbanen Anhängerschaft deutlich vergrößerte, kam es auf der Führungsebene der Organisation zu einem Generationswechsel, der mit der Wahl des Chirurgen Alfred Xuma zum Präsidenten des ANC im Dezember 1940 eingeläutet wurde. Er reformierte die Organisation, indem er erstmals einen Buchhalter einstellte und zentrale Mitgliedskarten sowie feste Mitgliederbeiträge einführte. Während seiner Amtszeit bis Ende 1949 stieg die Zahl der Mitglieder des ANC von unter 1000 auf fast 7000. Sein ambitioniertes Ziel, den ANC zu einer Massenbewegung mit einer Million formeller Mitglieder zu machen, wurde somit zwar entsprechend deutlich verfehlt, doch die vormals mit 15 Schillingen so gut wie leere Kasse enthielt im Dezember 1949 insgesamt 491 Pfund.[70]

Vor allem jedoch reagierte Xuma auf die Erklärung des Selbstbestimmungsrechts der Völker in der Atlantik-Charta vom 14. August 1941. Dazu berief er eine Kommission aus 28 afrikanischen Intellektuellen, welche die Bedeutung der acht Punkte der Char-

---

[69] Zitiert nach Welsh, David, The Growth of Towns, in: Thompson, Leonard; Wilson, Monica (Hg.), The Oxford History of South Africa, Bd. 2, 1870-1966, Oxford 1975⁴, S. 188. Vgl. Houghton, D. Hobart, Economic Development, 1865-1965, in: Thompson 1975, S. 32-38; Welsh, S. 172-202; 242f; Kuper, Leo, African Nationalism in South Africa, 1910-1964, in: Thompson 1975, S 451-59.
[70] Davenport, S. 361ff; Walshe, S. 300ff, 389-98; Louw, S. 110f; Mandela, Nelson, Der lange Weg zur Freiheit (Übers. aus dem Engl. von Günter Panske), Hamburg 2006, S. 130; Holland, S., 53; Asmal, S. 1-33.

ta einzeln für den südafrikanischen Kontext analysierten und kommentierten sowie einen umfassenden Forderungskatalog unter dem Titel „Bill of Rights" entwarfen. Beide Teile zusammen wurden am 16. Dezember 1943 von der Generalversammlung des ANC unter dem Titel „Africans' Claims in South Africa" als Grundsatzdokument verabschiedet. Das Dokument verkörpert den ersten Schritt weg von der Form höflicher und bescheidener Petitionen und hin zu umfangreichen Forderungen nach gleichen Rechten in Verbindung mit einer selbstbewussten Einschätzung der Situation in Südafrika und weltweit. In seinem Vorwort zur Veröffentlichung des Dokuments bezeichnet Xuma den ANC erstmals und dafür gleich mehrfach als „mass liberation movement".[71]

Auf den Weg zur Mobilisierung einer Massenbewegung begab sich der ANC jedoch erst ganz allmählich, nachdem die Anführer der 1942 ins Leben gerufenen ANC-Jugendliga ANCYL die Organisation auf Konfrontationskurs zu Staat und Regierung brachten. Zu den maßgeblichen Akteuren gehörten dabei Nelson Mandela, Oliver Tambo und Walter Sisulu, die nicht länger Alfred Xumas Überzeugung akzeptierten, dass zunächst weitere organisatorische Reformen und eine drastische Erhöhung der Mitgliederzahlen nötig waren, bevor die Mobilisierung von Massenprotesten möglich sein würden. Bereits 1944 hatten sie in einem eigenen Manifest zum Ausdruck gebracht, dass sie die bisherige Politik der Verhandlungen als gescheitert ansahen. Der ANC habe bisher gar kein eigenes Programm verfolgt, sondern immer nur auf Entscheidungen von weißen Politikern reagiert, statt selbst die Initiative zu ergreifen. Am 17. Dezember 1949 schließlich bestätigte die Generalversammlung das „Programme of Action" der ANCYL als offizielles Programm des ANC.[72]

Darin wurden die Verbreitung eines afrikanischen Nationalbewusstseins und die Überwindung der Spaltungen in einzelne Stämme zum Ziel ausgegeben. An die Stelle von John Dubes Motto „Festina lente" traten nun Slogans wie „Afrika mayibuye" ("Afrika, komm zurück zu uns"), „Amandla" („Macht"), „Africa for the Africans" und "Freedom in our lifetime". Die Legitimität der rassendiskriminierenden Institutionen des Staates wurde nicht länger hingenommen und ihr aktiver Boykott empfohlen. Über Massenproteste und Streiks sollten die Afrikaner ihr Recht auf

---

[71] Ebd.
[72] Walshe, S. 399-405; Gerhart, Gail M., Black Power in South Africa. The Evolution of an Ideology, Berkeley u.a. 1978, S. 82ff. Das „ANC Youth League Manifesto" aus dem Jahr 1944 ist abrufbar unter http://www.anc.org.za/show.php?id=4439 (zuletzt abgerufen am 06.06.2011). Zum ANC-Präsidenten wurde James Moroka gewählt anstelle von Alfred Xuma, der die radikalere Strategie-Linie der ANCYL nicht hatte unterstützen wollen.

Selbstbestimmung erkämpfen. Weißen, Indern und „Coloureds" wurde nun offiziell die Mitgliedschaft im ANC verweigert, um die Selbständigkeit der Schwarzen zu untermauern und jedes Anzeichen einer Abhängigkeit von der Unterstützung vermeintlich höher entwickelter „Rassen" auszuschließen. Auch die Zusammenarbeit mit liberalen weißen Südafrikanern wurde nunmehr als hinderlich für die Bündelung der eigenen Kräfte gewertet und deshalb abgelehnt.[73]

Es erwies sich schnell als schwieriges Unterfangen, konzertierte Proteste von Afrikanern auf breiter Basis im ganzen Land auf die Beine zu stellen. Ein eigens berufener *Council of Action* des ANC erklärte Anfang 1950, dass es fortan keinerlei Zusammenarbeit mit der Regierung mehr geben werde, visierte jedoch massive Protestaktionen erst für das 300-jährige Jubiläum der Ankunft europäischer Siedler in Südafrika im Jahr 1652 an. In der Zwischenzeit ergriff die *Communist Party of South Africa (CPSA)* die Initiative, die zu diesem Zeitpunkt ihrem Verbot entgegen sah und aus Protest für den 1. Mai 1950 zum Generalstreik aufrief. Der kommunistische Flügel innerhalb des ANC unterstützte diesen Aufruf aktiv, trotz der gerade erst erklärten Ablehnung solcher Kooperationen mit Menschen anderer Hautfarbe. Als es am Nachmittag zu Auseinandersetzungen zwischen Teilnehmern und von der Arbeit heimkehrenden Streikbrechern kam, erschossen weiße Polizisten 18 Afrikaner und verwundeten 30 weitere schwer. Diese Eskalation überlagerte nachhaltig das Misstrauen zwischen den Afrikanisten im ANC und den Kommunisten der CPSA, die ihrem Verbot zuvor kam, indem sie am 20. Juni ihre Auflösung erklärte. Mehrere hundert ihrer afrikanischen Mitglieder traten daraufhin dem ANC bei. Für den 26. Juni rief der ANC auf zu einem „*National Day of Protest*", um die Opfer des 1. Mai zu betrauern und gegen die staatliche Unterdrückung zu demonstrieren. Obgleich mehrere tausend Menschen auf die Straße gingen, blieben auch viele fern aus Furcht vor Gewalt und dem angedrohten Verlust der Arbeitsstelle.[74]

Zwei Jahre später, am 26. Juni des 300. Jahres der europäischen Besiedlung Südafrikas, startete der ANC mit der „*Defiance Campaign*" seine erste groß angelegte Protestkampagne. Bereits im Juli 1951 hatten Walter Sisulu und J.B. Marks vom ANC

---

[73] Vgl. Asmal, S. 2ff; Grobler, S. 79-91. Bis 1969 galt die Regel, dass ausschließlich Schwarze Mitglied im ANC werden konnten. Vgl Louw, S. 112f. Das „*Programme of Action*" des ANC aus dem Jahr 1949 und das Grundsatzprogramm der ANCYL aus dem Jahr 1948 sind abrufbar unter http://www.anc.org.za/show.php?id=4472 und http://www.anc.org.za/show.php?id=4448 (beide zuletzt abgerufen am 06.06.2011).

[74] Der 26. Juni wurde seitdem vom ANC jährlich als *South Africa Freedom Day* begangen. Nach 1994 wurde dieser Feiertag auf den Tag der ersten demokratischen Wahlen am 27. April verlegt. Louw, S. 110, 116ff; Walshe, S. 400f; Grobler, S. 94ff. Davenport, S. 386f.

mit Führern des *South African Indian Congress (SAIC)* einen gemeinsamen Planungsstab gebildet, um langfristig anhaltende Massenproteste gegen neu erlassene, diskriminierende Gesetze der Apartheidregierung vorzubereiten. Zu diesem Zweck wurden zunächst Gruppen von Freiwilligen rekrutiert und darin eingewiesen, gezielt gegen spezifische „Rassengesetze" zu verstoßen um sich dann verhaften zu lassen mit dem Plan, die Gefängnisse zu überfüllen und so die Durchsetzbarkeit der Gesetze zu untergraben. In den ersten vier Monaten nach dem 26. Juni 1952 kam es in dieser Weise zu durchschnittlich 2000 Verhaftungen. Nachdem die Strafen immer drakonischer ausfielen, ebbte die Kampagne jedoch immer mehr ab. Während die *Defiance Campaign* ihr erklärtes Ziel also nicht erreichen konnte, erhöhte sie den Zuspruch für den ANC dramatisch und lieferte für viele Afrikaner die Initialzündung zu ihrer Politisierung. Die Zahl der Mitglieder im ANC erhöhte sich innerhalb eines Jahres auf knapp 100.000. Die Kampagne führte auch dazu, dass sich die UNO-Generalversammlung zum ersten Mal mit dem Rassenkonflikt in Südafrika befasste. In den USA wurden zwei erste Solidaritätsgruppen gebildet, welche unter anderem die Familien der Verhafteten finanziell unterstützten.[75]

Ein weiterer Schritt, der im wahrsten Sinne des Wortes zur Mobilisierung der Bewegung beitrug, wurde im nächsten Jahr durch den Vorschlag des Professors Z.K. Matthews, dem Präsidenten des ANC-Bezirks der Kap-Region, eingeleitet. Die Idee bestand in der Organisation eines *„[...] congress of the people, representing all the people of this country, irrespective of race or colour, to draw up a Freedom Charter for the democratic South Africa of the future."* Der ANC wandte sich zu diesem Zweck an den SAIC, die South African Coloured People's Organisation (SACPO), den South African Congress of Democrats (SACOD) und weitere Organisationen, mit denen sie schließlich als *„Congress Alliance"* und *„Charterists"* bekannt werden sollten. Der Text der Charta sollte auf den Klagen und Hoffnungen *„gewöhnlicher Bürger"* aller Volksgruppen aus ganz Südafrika basieren. Zur Durchführung der Interviews konnte die Allianz auf hunderte Freiwillige zurückgreifen, die bereits für die Defiance Campaign rekrutiert worden waren und die zu diesem Zweck durch die Provinzen reisten. Auf einem Privatgelände in Kliptown bei Johannesburg verab-

---

[75] Die Zusammenarbeit von Indern und Afrikanern war nicht selbstverständlich, da Konflikte zwischen beiden Gruppen in der unmittelbaren Vergangenheit zu Gewaltausbrüchen mit mehreren Todesopfern geführt hatten. Vgl Grobler, S. 93f; 98-102; Walshe, S 402f; Kuper, S. 459-63.

schiedeten am 26. Juni 1955 schließlich knapp 3000 Delegierte des „Congress of the People" die „Freedom Charter".[76]

Die Präambel der Charta begann mit der Bekräftigung, dass „[...] South Africa belongs to all who live in it, black and white, and that no government can justly claim authority unless it is based on the will of the people." Damit brachte die Charta auch eine Abkehr des ANC von der Position jener Afrikanisten zum Ausdruck, die den Weißen grundsätzlich keinen Platz in Afrika zugestehen wollten. In den folgenden Jahrzehnten sollte dieser Positionswechsel erheblich zur internationalen Solidarität beitragen. Die Behörden stuften die Congress Alliance als so ernsthafte Bedrohung ein, dass sie über ein Jahr lang daran arbeiteten, einen Prozess wegen Hochverrats vorzubereiten. 156 Führer der Allianz wurden im Morgengrauen des 5. Dezember 1956 festgenommen, darunter ANC-Präsident Albert Luthuli, Nelson Mandela, Oliver Tambo und Walter Sisulu. Der Gerichtsprozess zog sich über vier Jahre lang hin, in denen die wichtigsten Führer der Bewegung festgehalten wurden. Für die Regierung bedeutete der „Treason Trial" dennoch einen großen Misserfolg, nicht nur weil alle Angeklagten letztlich freigesprochen wurden, sondern auch weil er weltweit für negative Schlagzeilen und Solidarität mit den Angeklagten sorgte. In Großbritannien etwa wurden mit dem International Defence and Aid Fund for Southern Africa (IDAF) 1956[77] und der Anti-Apartheid-Movement (AAM) im Jahr 1960 die ersten europäischen Solidaritätsorganisationen gegen die Apartheid gegründet. ANC-Präsident Albert Luthuli erhielt 1960 den Friedensnobelpreis für seine Bemühungen um gewaltlosen Widerstand.[78]

Eine weitere Folge der Kongressbewegung, die allen Volksgruppen einen Platz in Südafrika zugestehen wollte, bestand in der Spaltung des ANC und der Gründung des Pan Africanist Congress of Azania (PAC) im April 1959, der bis Ende des Jahres 30.000 Mitglieder auf sich vereinte. Ein Kreis um Robert Sobukwe propagierte seit November 1954 in der Zeitschrift The Africanist, dass ohne den Hass auf die Weißen der Antrieb zum Umsturz untergraben würde: „The African people have an inalienable claim on every inch of African soil." Andere Volksgruppen wurden ledig-

---

[76] Louw, S. 116ff; Grobler, S. 108-11. Zitiert nach Grobler, S. 108.
[77] Der IDAF sammelte bis zum Abschluss des Hochverratsprozesses weltweit insgesamt 170.000 britische Pfund, um Rechtsbeistand für die Angeklagten sicherzustellen. Vgl. Fieldhouse, Roger, Anti-Apartheid: A History of the Movement in Britain: A Study in Pressure Group Politics, London 2005, S. 7.
[78] Asmal, S. 60-64; Davenport, S. 403ff; Grobler, S. 142f. Zitiert nach Asmal, S. 60. Die letzten 30 Angeklagten wurden am 29. März 1961 freigesprochen; Albert Luthuli war neben Desmond Tutu 1984 und Nelson Mandela 1993 der erste von drei Anti-Apartheid-Aktivisten, die mit dem Friedensnobelpreis ausgezeichnet wurden.

lich als Gäste akzeptiert und dies nur, so lange sie sich den afrikanischen Lebensweisen anpassten. Im Juli 1959 kündigte Sobukwe an, Südafrika bis 1963 „zu befreien".[79]

Der erste Schritt auf diesem Weg bestand in einer Kampagne gegen die Pflicht der Afrikaner, Polizisten in den Städten jederzeit ihre Pässe mit gültigen Aufenthaltsgenehmigungen vorzuzeigen. Auf einer Pressekonferenz und in Flugblättern rief Sobukwe dazu auf, am 21. März 1960 die Pässe daheim zu lassen und sich bei der nächstgelegenen Polizeiwache zur Verhaftung zu melden. Während die Resonanz an den meisten Orten gering blieb, fanden sich rund um eine Wache in Sharpeville südlich von Johannesburg mehrere tausend Menschen ein. Zur Verstärkung der Wache rückten nach einigen Stunden mehrere gepanzerte Truppenfahrzeuge an und Düsenflugzeuge versuchten vergeblich, die Menge im Tiefflug zu zerstreuen. Unter nie eindeutig rekonstruierten Umständen eröffneten die Polizisten das Feuer mit Maschinengewehren, töteten 69 Menschen und verletzten hunderte weitere. Den meisten Opfern wurde auf der Flucht in den Rücken geschossen.[80]

Südafrikaner aller Volksgruppen reagierten schockiert. In den ersten beiden Wochen nach dem Massaker gingen viele Afrikaner nicht mehr zur Arbeit. In Kapstadt unternahmen 30.000 Afrikaner einen Protestmarsch aus den Townships ins Stadtzentrum. Die Regierung setzte die Passgesetze vorübergehend aus und verhängte zugleich einen „state of emergency". Da viele Europäer eine gewalttätige Reaktion fürchteten, wurden Bürgerwehren gegründet, die Waffenverkäufe nahmen stark zu und die Botschaften von Kanada und Australien registrierten ein erhöhtes Aufkommen von Einwanderungsgesuchen. Am 8. April wurden ANC und PAC verboten, so dass ihnen die Möglichkeit entzogen wurde, weiterhin offen zivilen Ungehorsam zu organisieren oder, wie in der Zeit zwischen den Weltkriegen, Zugeständnisse durch Verhandlungen zu erwirken.[81]

Das Verbot zeitigte zwei wichtige Konsequenzen in Form des Übergangs vom gewaltlosen zum bewaffneten Widerstand und der Verlagerung des Schwerpunktes der Aktivitäten des ANC, der nun aus dem Exil heraus auf die internationale Isolierung der Apartheid-Regierung hinwirkte. Den ersten Schritt hierzu tat Albert Luthuli, als er den ANC-Vizepräsidenten Oliver Tambo 1960 bat nach London zu gehen, als stän-

---

[79] Grobler, S. 117-21.
[80] Vgl. Truth and Reconciliation Commission of South Africa (Hg.), Final Report, Volume 3, o.O. 1998, S.528-37. Abrufbar unter: http://www.justice.gov.za/trc/report/ (zuletzt abgerufen am 10.06.11); Grobler, S. 122-26.
[81] Ebd; Thompson 1990, S. 210f.

diger Vertreter des ANC im Exil. Im Juni 1961 schließlich wurde unter der Führung von Nelson Mandela Umkhonto we Sizwe (kurz: „MK"; zulu: „Speer der Nation") als bewaffneter Flügel des nun illegal operierenden ANC gegründet. Diese neue Organisation stand Angehörigen aller Volksgruppen offen. Am 16. Dezember 1961, dem Jahrestag der Schlacht am Blood River, verkündete MK seine Existenz und verübte seine ersten Sabotageakte an Regierungsgebäuden in Durban und einem Elektrizitätswerk in Port Elizabeth. Anfang 1962 verließ Mandela heimlich das Land um die Unterstützung mehrerer unabhängiger afrikanischer Staaten für MK zu sichern und eine Militärausbildung in Algerien zu absolvieren. Bis Mai 1963 bekannte sich der ANC zu siebzig Sabotageakten. Die Regierung verabschiedete in Folge dessen den „General Law Amendment Act", nach dem die Polizei jede Person, die sie politisch motivierter Straftaten verdächtigte, für einen Zeitraum von bis zu 270 Tagen festhalten konnte. Am 11. Juli 1963 stürmte die Polizei das Hauptquartier von MK im Johannesburger Vorort Rivonia, beschlagnahmte Dokumente zur Planung eines Guerillakriegs in Südafrika und verhaftete zahlreiche Führer der Organisation, die am 12. Juni 1964 sämtlich wegen Hochverrats zu lebenslänglicher Haft auf der Gefängnisinsel Robben Island vor Kapstadt verurteilt wurden.[82]

Die seit dem Zweiten Weltkrieg maßgeblichen Akteure des Widerstands gegen die Apartheid traten in den folgenden fünfundzwanzig Jahren in den Hintergrund. Sie saßen entweder im Gefängnis oder befanden sich im Exil, von wo aus sie äußeren Druck auf die Apartheidregierung mobilisierten. Auf die Mobilisierung einer Bewegung in Südafrika selbst hatten sie jedoch so gut wie keinen Einfluss mehr. Studierende Mitglieder von ANC und PAC, die zu Beginn der 1960er Jahre als Reaktion auf die Vollsperrung ihrer letzten Zugangswege zu den Universitäten der Weißen eigene, schwarze Studentenorganisationen aufzubauen versuchten, ließen sich bald von den Behörden einschüchtern und gaben auf.[83]

Nach der schockierenden Wirkung des Massakers in Sharpeville und dem Verbot von ANC und PAC schien es fast ein Jahrzehnt lang so gut wie unmöglich, weitere friedliche Proteste auf breiter Basis zu mobilisieren. Nachdem es dem Staat 1964 überdies gelungen war, auch MK und Poqo innerhalb des Landes die Basis zu entziehen, schien die Vorstellung, überhaupt noch Widerstand zu leisten geradezu in

---

[82] Der PAC versuchte einen bewaffneten Flügel namens „Poqo" (xhosa: „rein, alleinig") zu etablieren, der jedoch schon nach der Verübung einer geringen Anzahl von Anschlägen und Überfällen von der südafrikanischen Polizei zerschlagen wurde. Vgl. Grobler, S. 128-38.
[83] Grobler, S. 160ff.

den Bereich der Utopie zu entrücken. Zwei miteinander verbundene Faktoren lähmten die Anti-Apartheid-Bewegung in dieser Phase. Erstens dämpfte die starke wirtschaftliche Entwicklung die Neigung zu Protesten. Je höher ihr Bildungsgrad, desto größer waren auch die Chancen für Afrikaner, von steigenden Reallöhnen und neu entstehenden Arbeitsstellen in expandierenden Branchen wie dem Bauwesen, den verarbeitenden Industrien, Handel, Transportwesen oder auch Ämtern in den neu entstehenden, so genannten „Homelands" zu profitieren. Waren in den Jahren zuvor die am besten gebildeten Afrikaner maßgeblich für die Mobilisierung von Widerstand gewesen, stand gerade diesen nun mehr denn je die Alternative offen, innerhalb der herrschenden Verhältnisse ihre sozioökonomische Stellung zu verbessern und „etwas aus ihrem Leben zu machen". Ein erträglicheres Leben mit einer gewissen Annäherung an das Lebensgefühl westlicher Mittelschichten bedeutete für Hunderttausende einen Anreiz, sich mit der eigenen Diskriminierung zu arrangieren. Tatsächlich traten zunächst keine neuen Akteure in Erscheinung, die das von den im Exil oder im Gefängnis befindlichen Führungsfiguren hinterlassene Vakuum ausgefüllt hätten.[84]

Gravierender jedoch war die rein faktische Repression, die mehr als private Diskussionen über zukünftigen Widerstand nicht zuließ. Der zuversichtliche Geist, der die Bewegung in den 1950er Jahren belebt hatte, als schwarze Südafrikaner erstmals mit großer Vehemenz für ihre Rechte eingetreten waren, schien wie fortgeweht. Der Staat hatte seine Bereitschaft zu kompromisslosem Gewalteinsatz demonstriert. Zudem zeigte er nun seine Macht, die schrittweise Umsiedlung von Millionen in so genannte „Homelands" durchzusetzen. Ein Klima aus Einschüchterung und Angst vor den Behörden prägte das Stimmungsbild, wie ein späterer Aktivist es rückblickend zusammenfasste: „[...] *nobody wanted to talk about politics because people were afraid of Robben Island to the extent that police needed to do very little to intimidate people. When you talked about politics, your parents would say that you would finish up on Robben Island – forget about politics [...] there were no politics at all between 1960 and 1968.*"[85]

---

[84] Dazu gehörten Annehmlichkeiten wie bessere Häuser, Möbel, Kleidung, Lebensmittel oder gar der Besitz eines Autos. In einigen Städten bildeten sich entsprechende Wohngegenden aus. Vgl. Beinart, S. 191-200; Marx, Anthony, Lessons of Struggle, South African Internal Opposition, 1960-1990, New York und Oxford 1992, S. 40f.
[85] Zitiert nach Grobler, S. 160. Ranwedzi Nengwekhulu sprach 1976 in Genf als ein führender Vertreter der Black Consciousness Movement auf einer Versammlung des International University Exchange Fund (IUEF). Der IUEF sowie der World University Service (WUS) stellten die wichtigsten Quellen dar, aus denen die BCM in den 1970er Jahren finanzielle Ressourcen aus dem Ausland bezog. Fast das

2.3 Stille vor dem Sturm: Vom Black Consciousness über die Radikalisierung der Jugend zur United Democratic Front (1968-89)

War in dieser Phase öffentlich kaum Bewegung zu verzeichnen, so gärten unter dieser oberflächlichen Ruhe jedoch neue Ideen. Neue Dynamik entfaltete sich schließlich durch schwarze Studenten, die genau diesen Zustand der Einschüchterung als die eigentliche Grundlage rassistischer Unterdrückung diagnostizierten. Als Schlüsselfigur erwies sich dabei rasch der Medizinstudent Stephen Biko, der damals 22-jährige Präsident der 1968 gegründeten South African Students Organisation (SASO). Anlass zur Gründung von SASO und somit zum Bruch mit der allgemeinen Studentenverstretung, der National Union of South African Students (NUSAS), war der Befund, dass die dortige (nicht gleichberechtigte) Mitarbeit für die Anliegen afrikanischer Studenten nicht nur unnütz, sondern schädlich sei. Auf die Fürsprache liberaler Weißer zu vertrauen hieß dieser Auffassung nach, der eigenen Zweitrangigkeit selbst zuzustimmen. Es bedeutete, sympathisierende Weiße das Tempo bestimmen zu lassen, in dem Reformen und Zugeständnisse erreicht wurden.[86]

SASO entstand im universitären Zusammenhang und war mit studentischen Anliegen befasst, doch ihre Gründung ging zurück auf Vorannahmen, die viel weiterreichende Implikationen hatten und im Sinne Bikos und seiner Mitstreiter auf das Selbstverständnis aller „Nicht-Weißen" im Land anzuwenden waren: *„[What] SASO has done is simply to take stock of the present scene in the country and to realise that not unless the non-white students decide to lift themselves from the doldrums will they ever hope to get out of them."* Daraus ergab sich eine Art Philosophie, die schließlich unter dem Schlagwort Black Consciousness in eine ganz eigene, neue Bewegung mündete.[87]

Inspiriert durch Frantz Fanons Forderung nach einem positiven schwarzen Selbstbewusstsein, verkörperte Black Consciousness (BC) eine idealistische Haltung im

---

komplette Budget von IUEF und WUS wiederum wurde von Dänemark, Norwegen und Schweden gestellt. Vgl. Sellström, Tor, Sweden and National Liberation in Southern Africa, Volume 2: Solidarity and Assistance 1970-1994, Stockholm 2002, S. 545; Gerhart, S. 251-56; Lodge, Tom, Black Politics in South Africa since 1945, London und New York 1983, S. 321f; Marx, S. 38; Talk, Frank, I Write What I Like: Fear – an Important Determinant in South African Politics, in: Arnold, Millard W. (Hg.), The Testimony of Steve Biko, London 1978, S. 273ff. Stephen Biko schrieb den Artikel unter dem Pseudonym "Frank Talk" (auf deutsch also: *„Freie Rede"*).
[86] Fatton, Robert Jr., Black Consciousness in South Africa. The Dialectics of Ideological Resistance to White Supremacy, Albany 1986, S. 67-71; Woods, Donald, Biko, New York 1978, S. 135 u. S. 137f; Grobler, S. 162ff; Marx, S. 51f.
[87] Zitiert nach Grobler, S. 162f. Vgl. Fatton, S. 78ff.

Angesicht von Umständen, die wenig Anlass zur Hoffnung boten. Die wesentliche Idee von BC bestand darin, den starren Blick von der vermeintlichen eigenen Unterlegenheit abzuwenden, auf die eigene Kraft zu vertrauen und die Angst zu erkennen, die sich als Motor hinter dem weißen Unterdrückungsapparat verbarg. Im Zentrum stand dabei die Zuschreibung „Black" als eine neue, starke Identität. Es war kein Zufall, dass die Behörden grundsätzlich Bezeichnungen wie „Non-White", „Bantu" oder „Coloured" anstelle von „African", „Native", etc. gebrauchten, um in diesen Begriffen mitschwingende Assoziationen von *ursprünglichem* Anspruch auf südafrikanischen Boden zu vermeiden und „rassische" Unterschiede zu betonen. „Black" dagegen schloss nicht nur „Bantu", sondern ganz bewusst auch „Coloured", „Indian" und eben alle diskriminierten Gruppen mit ein. Über den bewussten Gebrauch der Sprache gewannen die Diskriminierten somit neue Handlungsmacht, indem sie sich den Spielregeln ihrer Unterdrücker entzogen. Der Gebrauch der Kategorie „Black" fand dabei so allgemeine Akzeptanz, dass unter dem Premierminister Botha schließlich sogar die Regierung den Begriff „Bantu" fallen ließ.[88]

Eine sehr idealistische und gleichzeitig zentrale Annahme von BC bestand darin, dass eine psychologische Befreiung des Selbstbewusstseins der Schwarzen nicht nur die Voraussetzung für ihre materielle Befreiung darstellte, sondern diese notwendig zur Folge haben würde. Der Einsatz von Gewalt würde dazu gar nicht nötig sein, da die Fähigkeit der Weißen zur Unterdrückung sich in Luft auflösen würde, sobald die Schwarzen von ihrer eigenen Angst befreit wären. Dem entsprechend heißt es im *„Policy Manifesto"* von SASO aus dem Jahr 1970: *„SASO upholds the concept of Black Consciousness and the drive towards Black awareness as the most logical and significant means of ridding ourselves of the shackles that bind us to perpetual servitude."*[89]

Die wichtigsten Kanäle zur Verbreitung von BC waren die schwarzen Schulen und Universitäten, die Black People's Convention mit den von ihr initiierten Black Community Programmes sowie die zahlreichen schwarzen Freikirchen. In den Kirchen bot sich Raum für BC im Zusammenhang mit der weltweiten Verbreitung der so genannten Befreiungstheologie und der „Black Theology", welche Fragen der Armut in der „Dritten Welt" sowie der Dekolonisierung thematisierten und aus denen sich eine ei-

---

[88] Beinart, S. 232f; Marx, S. 44f; Gerhart, S. 270-81; Talk, in: Arnold, S. 276; Im Gerichtsprozess gegen Biko erläuterte dieser die Neudefinition des Begriffs "Black" durch BC im Kreuzverhör mit dem Staatsanwalt. Das Protokoll ist nachzulesen in, u.a., Arnold, S. 119ff.
[89] Marx, S. 46f, S. 51. Zitat nach Marx, S. 52.

gene Kritik der Apartheid aus christlicher Perspektive entwickelte. Die Kirchen spielten insofern eine wichtige Rolle, als BC hier auch unter Erwachsenen und Nicht-Schulbesuchern ein Publikum fanden.[90] Genau diesen Zweck der Ausweitung der Bewegung auf weitere Trägergruppen verfolgten auch die Black Community Programmes der Black People's Convention, die im Juli 1972 als eine Art Dachorganisation der Bewegung ins Leben gerufen worden war. Die Gemeindeprojekte trugen bei zur medizinischen Grundversorgung und bekämpften Analphabetismus unter Erwachsenen. In diesen Programmen fand zudem die Haltung, dass Schwarze sich selbst helfen konnten ohne auf die Anleitung von Weißen angewiesen zu sein, praktische Umsetzung.[91]

Auf den fruchtbarsten Nährboden traf BC jedoch in den schwarzen Bildungseinrichtungen, von denen die Universitäten nur den Ausgangspunkt der Bewegung darstellten. Die Zahl schwarzer Studenten erhöhte sich von 515 im Jahr 1961 auf fast 3000 im Jahr 1972. BC-Ideen wurden von Lehramtsabsolventen direkt von der Universität an die Schulen getragen, wo sie in zahlreichen Debattier-Clubs auf fruchtbaren Boden fielen und die mit Abstand größte Zahl ihrer Träger fanden. Die Zahl der schwarzen Schüler stieg im Zeitraum 1950-75 von 1 Million auf 3,5 Millionen. Etwa jeder dritte schwarze Jugendliche ging im Jahr 1975 zur Schule, rund 300.000 von ihnen besuchten eine High School. Oberschüler in Soweto gründeten in Anlehnung an SASO die South African Students Movement (SASM) und so genannte Student Representative Councils, um Missstände in den Schulen anzuprangern.[92]

Dazu zählten Klassen mit bis zu hundert Schülern, die ungenügende Ausstattung der Schulen oder die gezielte Entlassung politisch auffälliger Lehrer und Schüler durch das „Department of Bantu Education". Zur grundsätzlichen Unzufriedenheit mit den Lernbedingungen gesellte sich die zu Beginn der 1970er Jahre deutlich schlechter werdende Wirtschaftslage. Immer mehr Schulabgänger blieben arbeitslos, während die Lebenshaltungskosten ebenso stiegen wie die Kriminalitätsrate. Umso deutlicher zeigt sich daher die Wirkung von BC in der Tatsache, dass der von Schülern organisierte Protestmarsch im Juni 1976 in Soweto sich nicht unmittelbar gegen materielle

---

[90] Beinart, S. 234.
[91] Die Black People's Convention (BPC) erfreute sich großer Beliebtheit und bildete rasch Zweigstellen im ganzen Land. Die Verhaftung ihrer Führungsspitze 1974 sowie interne Streitigkeiten über mehrere ideologische Details hinderten die BPC allerdings daran, dauerhaft Widerstand und Proteste auf breiter Basis zu mobilisieren. Die Notwendigkeit, größere Einigkeit unter den Fraktionen innerhalb der Bewegung zu vermitteln, führte im September 1977 zur Verhaftung von Stephen Biko, der hierzu den über ihn verhängten Bannspruch missachtete, um heimlich nach Kapstadt zu fahren. In der anschließenden Haft wurde Biko zu Tode gefoltert. Vgl. Marx, S. 55-57, S.83f.
[92] Marx, S. 41, S. 62. Beinart, S. 232-39.

Benachteiligungen richtete, sondern gegen die Einführung von Afrikaans, *„the language of the oppressor"*, als alleinige Unterrichtssprache im Fach Mathematik. Zudem handelte es sich nicht um die Proteste einer jungen Generation als solcher, sondern ausdrücklich von Schülern im Unterschied zur Jugend insgesamt.[93]
Nachdem es bereits im April in Reaktion auf die Einführung von Afrikaans zu Schülerstreiks gekommen war, hinderten Schüler am 8. Juni 1976 zwei Polizisten erfolgreich daran, einen Vorsitzenden von SASM festzunehmen. Für den 16. Juni organisierte SASM einen Protestmarsch durch Soweto, an dem sich etwa 20.000 Schüler beteiligten und den die Polizei mit dem Einsatz von Schusswaffen niederschlug. Zu der Frage, ob zunächst Warnschüsse abgegeben worden seien, zitierte die Londoner *Times* in ihrem Bericht am nächsten Tag einen südafrikanischen Polizisten mit der Antwort: *„No, we fired into the crowd. It's no good firing over their heads."*[94]
Mehrere Faktoren trugen dazu bei, dass es, anders als nach dem Sharpeville-Massaker, zu fortwährenden Protesten kam, die sich über ein Jahr lang hinzogen und deren Niederschlagung durch staatlichen Gewalteinsatz mehr als tausend Todesopfer nach sich zog. So wurden sowohl die BC-Bewegung insgesamt als auch die Protestakte der Jahre 1976/77 wesentlich von Angehörigen einer jungen Generation getragen, deren Anteil an der Bevölkerung durch kontinuierlich steigende Geburtenraten stark im Wachstum begriffen war. Der Anteil der Schulbesucher unter ihnen war deutlich höher als in vorigen Generationen. Sie waren nicht bloß besser gebildet als ihre Eltern, sondern sie lehnten auch deren Apathie und Einschüchterung ausdrücklich ab. Zwar wurden die BC-Organisationen 1977 verboten, ihre Führer verhaftet oder wie Biko und andere gar ermordet. Geschätzte 12.000 Jugendliche flohen ins Exil. Trotzdem hatte BC zu einem gesellschaftlichen Klimawandel beigetragen, wie William Beinart zusammenfasst: „Anger and symbols of resistance survived: the clenched fist; the slogan amandla ngawethu („power to us, the people"); the picture of Hector Pieterson [...]. There was a strong belief amongst politicized black youths that "the system" was so unjust that it could not last."[95]
Da der Fokus der BC-Bewegung auf der Schaffung eines positiven schwarzen Selbstbildes gelegen hatte und nicht etwa auf konkreten Forderungen, hatten die

---

[93] Tatsächlich gab es gar nicht genügend schwarze Lehrer, die des Afrikaans mächtig gewesen wären. Marx, S. 61-67; Davenport, S. 449; Beinart, S. 237.
[94] Lodge, S. 321-56. Zitat nach Thörn, Hakan, Anti-Apartheid and the Emergence of a Global Civil Society, New York 2009, S. 164f.
[95] Louw, S., 129, S. 132. Zitat von Beinart, S. 239. Das Bild des getöteten Hector Pieterson ist wohl das am häufigsten im Zusammenhang mit Darstellungen der Ereignisse in Soweto gedruckte Foto.

Behörden sie einige Jahre lang gewähren lassen, bevor es 1973 zu den ersten Bannsprüchen kam. Selbst die Proteste in Soweto waren keineswegs zentral geplant, sondern relativ spontan durch einen der „im Fahrwasser" von BC gegründeten Student Representative Councils organisiert worden. Nicht erst durch die Zerschlagung der Bewegung wurde klar, dass die psychologische Befreiung des Selbstbewusstseins allein eben doch nicht das Ende der Apartheid mit sich bringen würde. Innerhalb der Bewegung wurde debattiert, auf welchem Wege ein planmäßiger und dauerhafter Widerstand möglichst weiter Teile der Bevölkerung zu erreichen sei. Den Kern der Auseinandersetzung bildete dabei erneut das eigene Selbstverständnis: War es angesichts fehlender Ressourcen und der kompromisslosen staatlichen Repression vielleicht doch notwendig, Kooperationen mit sympathisierenden Weißen einzugehen? Und war es tatsächlich zutreffend, die eigene Unterdrückung ausschließlich als rassistisch zu beschreiben? War es nicht notwendig, die Apartheid vielmehr als Ausdruck eines ausbeuterischen, kapitalistischen Systems zu begreifen? Dafür sprach etwa der starke Gegensatz zwischen immer härteren materiellen Lebensbedingungen für die schwarze Mehrheit auf der einen Seite und einer wachsenden Minderheit auf der anderen, welche durch die neu entstehenden behördlichen Strukturen der Homelands am herrschenden System Teil hatten und davon profitierten.[96]

Nachdem der Staat das politische Feld mit dem Verbot von 17 BC-Organisationen am 19. Oktober 1977 erneut geräumt hatte, bildeten sich zwei Lager innerhalb der Opposition, die diese gegensätzlichen Auffassungen widerspiegelten. Verfechter der BC-Philosophie gründeten im April 1978 die Azanian Peoples Organization (AZAPO), mit der Bezeichnung Südafrikas als Azania als weitere Betonung der eigenen schwarzen Identität. Da niemand mehr daran glaubte, dass eine psychologische Befreiung automatisch zur Umkehrung der Verhältnisse führen würde, bemühten sich die AZAPO-Anhänger um eine Erweiterung der BC-Philosphie durch marxistische Rhetorik. So wurden etwa die Kategorien Rasse und Klasse miteinander verwoben, indem von Schwarzen als einer „Arbeiterrasse" gesprochen wurde. Die Zusammenarbeit mit solidarischen Weißen lehnte AZAPO weiterhin ab. Gerade in diesem Punkt waren mittlerweile jedoch immer mehr schwarze Südafrikaner der Ansicht, dass BC seinen Zweck erfüllt hatte und dass weitere Fortschritte im Rahmen dieser Bewegung nicht zu erreichen waren. Die Situation schien konkretere Maßnahmen zu er-

---

[96] Marx, S. 49, 73-79.

fordern, als weiterhin auf psychologischer Befreiung und der Behauptung schwarzer Autonomie zu beharren.[97] Zwei zentrale Annahmen bestimmten die Weiterentwicklung der Anti-Apartheid-Bewegung in Südafrika in den achtziger Jahren. Erstens war es bislang nicht gelungen, ideologische Gegensätze zwischen verschiedenen Widerstandsgruppen zu überbrücken und ein geeintes Vorgehen zu erreichen. Eine direkte Folge daraus war die Tatsache, dass es ebenfalls noch nie gelungen war, weite Teile der Bevölkerung umfassend in konkrete Widerstandsaktivitäten einzubinden. Stattdessen beschränkten sich Proteste stets auf die Anhänger einzelner Gruppen, die alle anderen Gegner der Apartheid mit ihren Initiativen überraschten. Zweitens schien eine langfristige Strategie erforderlich. Das eher spontane Aufflammen von Protesten ohne zentrale Koordination hatte in allen bisherigen Fällen ihre Niederschlagung begünstigt – der Einsatz staatlicher Gewalt war letztlich immer erfolgreich gewesen, auch wenn die Gewaltspirale nach dem Massaker in Soweto 1976 über ein Jahr lang anhielt.

Diese Gewalteskalation war es jedoch auch, die eine entscheidende Änderung der Rahmenbedingungen bewirkte, in denen Staat und Opposition interagierten. Die internationale Aufmerksamkeit und die Abhängigkeit Südafrikas von internationalen Investitionen nötigte die Regierung dazu, deutlich sichtbare Reformbemühungen an den Tag zu legen. Wichtigster Ausdruck dieser Bemühungen waren die Vorschläge für ein Dreikammer-Parlament. Gegen dieses Reformvorhaben richtete sich die United Democratic Front, die im Unterschied zu den bisherigen Bewegungen und Organisationen nicht mehr auf die Mobilisierung einzelner Gruppen, sondern als eine Art Dachorganisation auf die Schaffung einer breitest möglichen Front ausgerichtet war. Die UDF machte zunächst mobil zum Protest gegen die neue Verfassung und zum Boykott des in ihr vorgesehenen Dreikammerparlaments. Der große Erfolg, den sie dabei verzeichnete, verdankte sich dabei nicht zuletzt der Möglichkeit eines deutlichen gesteigerten Einsatzes von Ressourcen. *„[...] well produced newspapers, pamphlets, booklets, T-shirts, and badges and stickers displaying the blac, yellow and red UDF logo [...]. Finally, the front employed eighty full-time officials paid from an annual budget of R2 million."* Der Staat wiederum sah sich zunächst gezwungen, ihre Oppositionsaktivitäten zuzulassen, um die Glaubwürdigkeit seiner Reformbereitschaft nicht zu untergraben. Als am 3. September 1984 unter Ignoranz der Proteste die neue Verfassung gefeiert werden sollte, entluden sich die Demonstrationen in

---

[97] Tatsächlich hatten bereits die Black Community Programmes von „weißen" Spendengeldern in Höhe mehrerer hunderttausend Rand profitiert. Vgl. Marx, S. 56f, 84-92.

Gewaltausbrüche. Obgleich dem Militärapparat des Staates nichts entgegenzusetzen war, konnte dieser die Situation trotzdem nicht mehr beruhigen. Durch die breite Geschlossenheit, die der Widerstand nunmehr gewonnen hatte, durch die verbundene Gewalteskalation sowie die einhergehende, wiederholte Ausrufung von Ausnahmezuständen wuchs die anhaltende Situation zunehmend auch zu einer Bedrohung für den Wohlstand der Weißen aus.[98]

Schließlich war eine Pattsituation hergestellt: Die Widerstandsbewegung sah sich nicht in der Lage, den Staat militärisch zu besiegen, während der Staat dieses Mal nicht mehr fähig war, den Widerstand zu zerschlagen. Ihr erklärtes Ziel, Südafrika für die Apartheidregierung unregierbar zu machen, hatte die Anti-Apartheid-Bewegung somit erreicht. Unter gleichzeitig wachsendem Druck von außen lenkte die im September 1989 gewählte, neue Regierung unter F.W. de Klerk schließlich ein und erklärte sich zu Verhandlungen mit der Opposition bereit.[99]

3. Die Mobilisierung der Anti-Apartheid-Bewegung in der Bundesrepublik Deutschland

„Die Afrikaner haben mir eine Bitte mit auf den Weg gegeben: ‚Bitte vergeßt uns nicht nur nicht, sondern tut auch etwas!'"[100]

- Pfarrer Klaus Eichholz

„Als ich 1971 Südafrika verließ, haben mir südafrikanische Freunde gesagt: Vielleicht ist es gut, dass Dich die südafrikanische Regierung ausgewiesen hat. Möglicherweise kannst Du in Europa mehr für die Veränderung der Verhältnisse in Südafrika tun als hier im Land selber."[101]

- Pfarrer Markus Braun

---

[98] Zitiert nach Lodge, Tom , All, Here, And Now. Black Politics in South Africa in the 1980s, London 1992, S. 62. Vgl. Ebd., 64-114, S. 199-202. Siehe auch Kane-Berman, John, Südafrikas verschwiegener Wandel (deutsche Übers.: Jürgen P. Krause), Osnabrück 1992. Kane-Berman beschreibt den strukturellen Wandel, der dazu führte, dass die weißen Südafrikaner immer stärker auf die Integration der Mehrheitsbevölkerung angewiesen waren, um ihren eigenen Lebensstandard aufrecht zu erhalten. Dies führte zwangsläufig dazu, dass trotz Apartheid immer mehr Ressourcen und somit auch Möglichkeiten sich zu widersetzen, auf Schwarze, Farbige und Inder übergingen.
[99] Marx, S. 106-234; Beinart, S. 254-85.
[100] Pfarrer Klaus Eichholz, Sitzungsprotokoll MV 20.04.1974 in AAB.ORG.1 Eichholz war 1974 als Pfarrer der Vereinigten Evangelischen Mission aus Windhoek ausgewiesen worden.
[101] Rassismus in Südafrika. Gespräch mit Pfarrer Markus Braun von der Anti-Apartheid-Bewegung, in: Dritte Welt Information 3 (1975).

3.1 „Mit Maske auf dem Seil tanzend" - Von der Ausweisung deutscher Priester aus Südafrika zur Mobilisierung erster Protestgruppen und Aktionen in Deutschland

Ein grundsätzliches Problem für die Durchsetzung der Politik der Apartheid bestand darin, dass die „nicht-weiße" Bevölkerung sehr viel schneller wuchs als die Gruppe der Weißen in Südafrika.[102] Angesichts dieser demografischen Entwicklung hatte die Regierung der National Party durchaus ein Interesse an der Einwanderung von Menschen mit weißer Hautfarbe. Sofern diese aus wirtschaftlichen Motiven und ohne Skrupel gegenüber der Apartheid ins Land kamen, wurde ihnen sogar, häufig auch schon nach kurzer Zeit, die Annahme der südafrikanischen Staatsbürgerschaft nahe gelegt „um so den Stamm der Weißen zu vermehren."[103]

Registrierten die Behörden jedoch, dass Ausländer Kritik an den herrschenden Verhältnissen übten, so konnte dies als Konsequenz die Abschiebung zur Folge haben, wie Pfarrer Braun berichtete: „Das geht relativ leicht, solange man noch keine Daueraufenthaltsgenehmigung hat und noch als ‚Besucher' gilt. Es wird dann einfach das Visum, das man sich in so kurzen Perioden von 3 Monaten bis zu 1 Jahr bestätigen lassen muß, nicht mehr verlängert."[104]

Im Laufe der Zeit jedoch wurde die Handhabung der Einreise- und Aufenthaltsbestimmungen für Ausländer weiter verschärft. Im März 1972 etwa meldete der Evangelische Pressedienst die Ausweisung der 22-jährigen Bibliothekarin Antoinette Halberstadt aus Windhoek. Am 2. März des Jahres war ihr mitgeteilt worden, dass sie das Land binnen 48 Stunden zu verlassen habe.[105] Zwei Jahre später wurde der Aufenthalt des Bielefelder Soziologiestudenten Frank Hirtz vorzeitig beendet, nachdem offenkundig geworden war, dass dieser eine systemkritische Magisterarbeit über das Apartheidregime plante. Spätestens ab August 1975 engagierte sich Hirtz daraufhin aktiv in der deutschen Anti-Apartheid-Bewegung.[106]

Eine Sonderregelung speziell für „kirchliche Arbeiter aus dem Ausland" war bereits 1967 eingeführt worden. War vormals ein dauerhaftes Visum umgehend und ohne großen bürokratischen Aufwand erhältlich gewesen, konnten kirchliche Angestellte

---

[102] Im Zeitraum von 1951 bis 1970 stieg die Bevölkerungszahl der weißen Südafrikaner von 2,6 auf 3,75 Millionen Menschen an. Die Zahl der nicht-weißen Bevölkerung vergrößerte sich unterdessen von 10 auf 17,75 Millionen Menschen. Vgl. Davenport, Rodney, South Africa. A Modern History, London 2000^5, S. 428; Louw, S. 15.
[103] Braun, Markus, Ausgewiesen aus Südafrika. Aufsatz in AAB.ORG.2
[104] Ebd.
[105] epd Ausgabe für kirchliche Presse 45 (3. März 1972), S. 2.
[106] Kopie eines Briefs des Auswärtigen Amtes an Frank Hirtz vom 17. Dezember 1974 sowie weitere Korrespondenz zwischen Hirtz und AAB-Geschäftsführerin Ingeborg Wick in AAB.ORG.1.

dieses fortan erst nach einem Aufenthalt von vier Jahren erhalten. Um die südafrikanische Staatsbürgerschaft zu erwerben, mussten sie sich gar weitere fünf Jahre bewähren, ohne den Behörden negativ aufzufallen. Andere Einwanderer, die nicht im kirchlichen Auftrag ins Land kamen, waren von diesen Sondervorkehrungen dagegen nicht betroffen.[107]

Der südafrikanische Premierminister Vorster sprach 1968 eine Warnung an Geistliche aus, sich aus der Politik herauszuhalten, *"denn die geistliche Robe würde sie nicht schützen."*[108] Offensichtlich stufte die südafrikanische Regierung die Kritik aus den Kreisen von Kirchenmitarbeitern als ernstzunehmende Bedrohung ein. Darauf deutet auch der Fall von zwei anglikanischen Pfarrern aus Stellenbosch in der Nähe von Kapstadt hin, die Ende 1970 des Landes verwiesen wurden.[109] Robert Mercer und Bernard Chamberlain hatten in ihrer Gemeinde ein Flugblatt verteilt, in dem sie sich zur Entscheidung des Weltkirchenrates äußerten, die Befreiungsbewegungen finanziell zu unterstützen. Dabei verglichen sie unter anderem die politische Situation in Südafrika mit jener in Nazi-Deutschland. Wenige Wochen später sollte dieser Vergleich eine wütende Reaktion bei der Eröffnung der Generalsynode der Nederlandse Gereformeerde Kerk (NGK) in Pretoria nach sich ziehen.[110]

Der Moderator der Generalsynode, Dr. J.S. Gericke, der damals ebenfalls in Stellenbosch lebte, hatte das Flugblatt gelesen. In seiner Eröffnungsrede bezichtigte er die beiden Priester der Lüge. Die Tageszeitung *Hoofstad* aus Pretoria zitierte aus Gerickes Ansprache in ihrer Ausgabe vom 15. Oktober 1970: *"Sollte dieses Land von bewaffneten Streitkräften angegriffen werden und über unsere Felder und Straßen Blut fließen, weil die Welt eine Wiederkehr des Nazismus verhindern wollte, dann geschähe dies, weil man einer Lüge Glauben geschenkt hatte, einer Lüge, die auch Männer der Kirche verbreitet hatten, damit sie geglaubt würde."*[111]

Neben dem Beschluss der Ausweisung von Mercer und Chamberlain hatte diese Episode noch zwei weitere Konsequenzen. Einerseits kam es vor dem Abflug der beiden Priester zu Solidaritätsbekundungen am Flughafen von Kapstadt, an denen sich mehrere andere Priester sowie weiße und farbige Gemeindemitglieder und Stu-

---

[107] Braun, Markus, Ausgewiesen aus Südafrika. Aufsatz in AAB.ORG.2.
[108] Zitiert nach epd Ausgabe für kirchliche Presse 40 (7. Oktober 1970), S. 13.
[109] *Der Spiegel* berichtete über den Fall in einer Randmeldung. Vgl. Südafrika. Tief getroffen, in: Der Spiegel 49 (30.11.1970), S. 166f.
[110] Es handelt sich bei der Niederländisch-Reformierten Kirche um die größte und älteste Kirche der weißen, südafrikanischen Bevölkerung. Sie geht zurück auf die ersten weißen Einwanderer, die sich ab 1652 am Kap der Guten Hoffnung niederließen.
[111] Zitiert nach: Südafrika – Nationalismus, Nationalsozialismus und christlicher Glaube. Offener Brief an Südafrikaner, Berlin (West) 1971; in MAKSA1.

denten aus Stellenbosch beteiligten. Nachdem sie sich zum gemeinsamen Gebet versammelt hatten, holten sie zum Zeichen der Trauer die südafrikanische Flagge vor dem Flughafengebäude auf Halbmast.[112]

Darüber hinaus unterzeichneten die Anwesenden eine Protesterklärung, die ein halbes Jahr später, im Juli 1971, in einer erweiterten Fassung unter dem Titel „*An Open Letter Concerning Nationalism, National Socialism and Christianity*" als Beilage zur südafrikanischen Kirchenzeitung *Pro Veritate* veröffentlicht wurde. In dem offenen Brief wird einerseits für Mercer und Chamberlain Partei ergriffen und überdies darauf hingewiesen, dass sie nur zwei von mindestens 18 Pfarrern seien, die in dem Zeitraum zwischen August 1970 und März 1971 ausgewiesen worden waren. Unter den 18 namentlich aufgeführten Personen auf dieser Liste findet sich auch ein Pfarrer aus Deutschland, Dr. Markus Braun.[113]

Pfarrer Braun war damals 38 Jahre alt und hatte sich vier Jahre lang im Transvaal und im Oranje-Freistaat in schwarzen Kirchengemeinden engagiert, bevor die südafrikanische Regierung ihm Anfang 1971 die Ausweisung erteilte. Der konkrete Anlass seiner Ausweisung geht aus den vorliegenden Quellen nicht hervor. Offenbar enthielten sich die Behörden in der Regel der Angabe jeglicher Gründe abgesehen von dem Hinweis des Innenministeriums, die Anwesenheit der betreffenden Personen sei „*nicht erwünscht*" und ihre Abreise „*im öffentlichen Interesse.*"[114] Klar ist allerdings, dass die von Braun in Südafrika gesammelten Erfahrungen ihn für die Verbindungen sensibilisiert hatten, die zwischen seinem Heimatland und den Rassisten in Südafrika offenbar auf breiter Ebene unterhalten wurden:[115]

„*Nach meiner Rückkehr in die Bundesrepublik wurde mir deutlich, wie hier in Westeuropa durch unsere wirtschaftlichen, politischen, sozialen, kulturellen und kirchlichen Beziehungen mit Südafrika das dortige Unrechtssystem mit am Leben erhalten wird und wie sehr wir hier in Deutschland für die Apartheid mitverantwortlich sind.*"[116]

Ein weiterer Pfarrer, der ebenso wie Markus Braun im Jahr 1971 des Landes verwiesen wurde, war Hans Ludwig Althaus. Dieser hatte eineinhalb Jahre lang als Pfarrer

---

[112] Ebd.
[113] Ebd.
[114] Braun, Markus, Ausgewiesen aus Südafrika. Aufsatz in AAB.ORG.2; Sitzungsprotokoll Mitgliederversammlung vom 19.04.1974 in Othfresen, in AAB.ORG.1
[115] Rassismus in Südafrika. Gespräch mit Pfarrer Markus Braun von der Anti-Apartheid-Bewegung, in: Dritte Welt Information 3 (1975).
[116] Ebd.

mit „nicht-weißen" Studenten in Windhoek[117] gearbeitet. In einem Zeitungsinterview äußerte sich Althaus dazu, warum er das Land verlassen musste. Er habe *„jeden Sonntag vor 700 jungen Leuten gepredigt"* und dabei *„darauf geachtet, deutlich, aber nicht mit Schärfe die Dinge beim Namen zu nennen [...] Die Frage des Miteinander-Lebens von Schwarz und Weiß. Die des Hasses, der Abneigung, die sich auf seiten [sic] der Schwarzen gegen die Weißen heranbildete; dann die rein praktische Frage des Fortkommens der Schwarzen im Beruf."*[118]

Auf die Frage des Chefredakteurs Rapp, warum es gerade ihn getroffen habe, wo es doch nicht wenige Pastoren gebe, *„die seit Jahren unter den Schwarzen arbeiteten und denen dieses Schicksal nicht blühte"*, entgegnete Althaus, es gebe in der Tat viele, die den Status Quo duldeten und *„aus einem falschen theologischen Verständnis heraus alle politischen und sozialen Fragen ausklammern."* Jeder müsse jedoch *„für sich selbst beschließen, [...] ob er ständig mit Maske und auf dem Seil tanzend arbeiten will."*[119]

Wie viele Deutsche und insbesondere wie viele deutsche Pastoren insgesamt von Ausweisungen betroffen waren, lässt sich an dieser Stelle nicht genau beziffern. Deutlich werden jedoch mindestens drei entscheidende Konsequenzen ihres Rauswurfs aus Südafrika. Erstens waren sie fortan dem direkten Zugriff seitens der südafrikanischen Behörden entzogen. Dies bedeutete nicht nur, dass sie nun zumindest außerhalb Südafrikas ihre Kritik ungehindert Kund tun konnten. Darüber hinaus war es ihnen jetzt viel leichter möglich, sich untereinander zu organisieren und so ihre Kräfte zu bündeln. Dies schlug sich zunächst in dem offiziellen Zusammenschluss mehrerer ausgewiesener Pastoren zur Gruppe „Mainzer Arbeitskreis Südliches Afrika" (MAKSA) nieder. *„Auch wenn schon im südlichen Afrika unter fast allen heutigen Mitgliedern des Arbeitskreises Verbindungen bestanden, ist es doch damals noch zu keiner geregelten Zusammenarbeit gekommen, nicht zuletzt aufgrund der großen Entfernungen und des stärkeren Drucks, unter dem die einzelnen Mitglieder in ihrer Umgebung standen."*[120]

Als *„eine kirchliche Initiative im Rahmen des Antirassismusprogramms des Weltkirchenrates"* stellte sich die Gruppe 1973 über den Evangelischen Pressedienst (epd)

---

[117] Windhoek war die Hauptstadt des damaligen Südwest-Afrika, das seit 1920 unter südafrikanischer Mandatsherrschaft stand.
[118] „Warum mußten Sie gehen?" Ein Interview mit Pastor Hans Ludwig Althaus, in: Theologie und Kirche 38 (17.09.1972), S.4f.
[119] Ebd.
[120] Der Mainzer Arbeitskreis Südliches Afrika (MAKSA) stellt sich vor, in: Dritte Welt Information, Frankfurt am Main, ohne Jahr.

einer innerkirchlichen Öffentlichkeit vor. Der Umstand der Ausweisung war keine Voraussetzung für die Mitarbeit in der Gruppe, traf aber auf mehrere der anfänglich etwa zwanzig Mitglieder zu. Markus Braun wurde zu ihrem ersten Sprecher gewählt.[121] Zweite wichtige Konsequenz der Ausweisungen war es, dass die Betroffenen nun verstärkt die deutschen Beziehungen zur Apartheid zu hinterfragen begannen: *"Nach ihrer Rückkehr in die Bundesrepublik erkannten [sie] die Mitbeteiligung der westdeutschen Gesellschaft und vor allem auch der eigenen Institution Kirche an dem Fortbestehen der rassistischen Verhältnisse im südlichen Afrika."*[122] Bereits im April 1972 hatten die Mitglieder des MAKSA in der vom Evangelischen Pressedienst (epd) veröffentlichten „Mainzer Erklärung" die Politik des kirchlichen Außenamtes kritisiert: *„Der deutsche Kirchensteuerzahler unterstützt weiße evangelische Apartheidskirchen."*[123]

Drittens beschränkten sich die Pastoren in ihrer Kritik nicht auf ihr eigenes, kirchliches Umfeld, sondern verfolgten den Anspruch, die gesamtgesellschaftliche Dimension der Verflechtungen zwischen der Bundesrepublik Deutschland und der Apartheid in Südafrika bekannt zu machen. Dazu wollte man gezielt mit anderen, *„vor allem nichtkirchlichen Gruppen wie amnesty international, Dritte Weltgruppen, Jungsozialisten und Jungdemokraten"* zusammenarbeiten.[124] *„Es ist dabei an die Ingangsetzung und Organisation einer der englischen vergleichbaren Anti-Apartheidbewegung gedacht. Besonders einschneidend war der Beschluß des MAKSA, in Zukunft Aktionen nur noch gemeinsam mit dem auch in Europa vertretenen African National Congress (ANC) zu planen und dieser Befreiungsorganisation wie auch der South West African People's Organisation (SWAPO) so viel wie möglich Hilfestellung zu geben."*[125]

Dabei war die Betonung der geplanten Kooperation mit *„vor allem nichtkirchlichen Gruppen"* auch der ablehnenden Reaktion geschuldet, welche die evangelischen Kirchenführer den Anliegen des MAKSA entgegenbrachten. In einer Reihe von Gesprächen im Jahr 1972 ließen sich weder der Präsident des kirchlichen Außenamtes noch der Rat und die Synode der Evangelischen Kirche in Deutschland (EKD) davon überzeugen, ihre tolerante Haltung gegenüber der Apartheid zu überdenken und et-

---

[121] Ebd; Brief von Markus Braun an Cannon John Collins vom 5.11.1972 in MAKSA 1. Collins war Vorsitzender der Londoner Gruppe „Christian Action" und ein prominenter Vertreter der britischen Anti-Apartheid-Bewegung.
[122] Ebd.
[123] MAKSA.1
[124] Der Mainzer Arbeitskreis Südliches Afrika (MAKSA) stellt sich vor.
[125] Ebd.

wa die einseitige Unterstützung weißer Kirchengemeinden in Südafrika zu beenden. In den Jahren 1972 und 1973 beschränkte sich das außerkirchliche Engagement des MAKSA noch auf einige offene Briefe und Appelle an die Bundesregierung, Mitglieder des Bundestags, die Bundesanstalt für Arbeit sowie einzelne Politiker und Sportler, in denen etwa gefordert wurde, das 1962 geschlossene Kulturabkommen mit Südafrika zu kündigen und Besuche in Südafrika zu unterlassen.[126]

Vom 20. bis 22. November 1973 allerdings kam es im Gemeindehaus von Othfresen bei Goslar, wo Hans-Ludwig Althaus als Pastor arbeitete, zu einem ersten Vorbereitungstreffen um in der Bundesrepublik eine „Anti-Apartheid-Bewegung" zu initiieren. Nachdem man sich bereits im Rahmen einer „Informationsreise" persönlich über die Arbeitsweise der Stichting Anti-Apartheids-Beweging Nederland (AABN) erkundigt hatte, wurde in Othfresen ein Grundsatzpapier für eine AAB in West-Deutschland erstellt. Dieses wurde in Verbindung mit einem Fragebogen und der Einladung zu einem Gründungstreffen an Gruppen verschickt, die im Vorfeld auf Anfrage hin signalisiert hatten, sich an dem Vorhaben beteiligen zu wollen.[127]

Vom 19. bis 21. April 1974 versammelten sich schließlich gut siebzig Personen, die rund dreißig verschiedenen Gruppen angehörten, zu einem weiteren Treffen in Othfresen. Bei den Gruppen handelte es sich teils um kirchliche Gruppen und Einrichtungen, teils um Solidaritätsgruppen und Infostellen, deren Arbeitsschwerpunkte thematische Bezüge zum südlichen Afrika aufwiesen. Ferner waren Angehörige der Befreiungsbewegungen ANC, PAC und SWANU sowie des DGB, der niedersächsischen SPD, der Jusos und des Westdeutschen Rundfunks anwesend. 53 Personen trugen sich in die Listen zur Erklärung des Beitritts in die AAB ein. Ein zunächst fünfköpfiger Vorstand wurde gewählt und unter anderem mit der Aufgabe betraut, bis zur ersten ordentlichen Mitgliederversammlung im Herbst Schwerpunkte für die künftige Arbeit, eine Satzung sowie organisatorische Strukturen zu erarbeiten. Die meisten Stimmen bei der Vorstandswahl erhielt der Sprecher des MAKSA, Dr. Markus Braun aus Mühlheim an der Ruhr, wo die AAB einen Eintrag ins Vereinsregister erhielt und zunächst ihren Sitz fand.[128]

---

[126] Bacia, S. 20ff; S. 40ff.
[127] Ebd., S. 24 ff; Bericht von einer Informationsreise Nov. 1973 Rudolf Weßler, in: AAB.ORG.1; Grundsätze für eine zukünftige Anti-Apartheidsbewegung in der BRD. Erster Entwurf vom 22.11.1973, in: AAB.ORG.1.
[128] Der Sitz der AAB wurde knapp ein Jahr später nach Bonn verlegt, wo zum 1. Februar 1975 in der Hermannstraße 21 in Bonn-Beuel eine offizielle Geschäftsstelle bezogen wurde. Mit Gavin Jantjes vom Africa Centre in Hamburg war ein schwarzer Südafrikaner im Vorstand vertreten. Die drei weiteren Vorstandsmitglieder waren der Pastor Klaus Eichholz von der Vereinten Evangelischen Mission (VEM)

Nachdem die vom MAKSA geplante „Ingangsetzung" also erfolgt war, kam der Anti-Apartheid-Protest in der BRD nun in Bewegung. Innerhalb eines halben Jahres verdreifachte sich die Zahl der Mitglieder der AAB, von denen knapp einhundert zur ersten ordentlichen Mitgliederversammlung im November 1974 erschienen, wo eine Vereinssatzung verabschiedet und Ingeborg Wick zur hauptamtlichen Geschäftsführerin gewählt wurde. Mitgliederversammlungen wurden fortan jährlich an bundesweit wechselnden Orten abgehalten, um laufende und geplante Aktivitäten zu koordinieren und gemeinsam Bilanz über Ereignisse und Aktionen des letzten Jahres zu ziehen.[129]

Von Beginn an wurden internationale Kontakte gepflegt und Konferenzen besucht sowie eigene Veranstaltungen und Kampagnen in Deutschland organisiert. Am 3. und 4. September 1974 etwa nahm Markus Braun für die AAB an der „Internationalen Konferenz gegen Apartheid und Kolonialismus" in Genf teil, die von der schweizerischen Anti-Apartheid-Bewegung gemeinsam mit der UNO ausgerichtet wurde. Die Veranstaltung bot Gelegenheit zum Austausch zwischen den Gruppen der Anti-Apartheid-Bewegungen in Europa und den Befreiungsbewegungen ANC, PAC, SWAPO, ZANU und ZAPU aus dem südlichen Afrika. In der Stadthalle Bad Godesberg in Bonn veranstalte die AAB am 15. Februar 1975 ein „Tribunal gegen Kolonialismus und Apartheid im Südlichen Afrika" mit etwa 500 Teilnehmern, bei dem Vertreter der Befreiungsbewegungen die Situation in Südafrika schilderten und die wirtschaftlichen und militärischen Beziehungen der BRD zur südafrikanischen Regierung angeprangert wurden. Auf der Mitgliederversammlung vom 18. bis 20. April 1975 auf dem Bonner Venusberg berichtete Gerald Baars von Gesprächen mit ANC und SWAPO in London und der Teilnahme an einer Konferenz der OAU in Dar-es-Salaam. Ebenfalls im April 1975 reiste Ingeborg Wick für die AAB nach Paris zu einer Konferenz des UN Special Committee Against Apartheid, wo Vertreter der Befreiungsbewegungen, der OAU und von 27 internationalen Anti-Apartheid-Bewegungen die Mobilisierung von Sanktionen und Embargos gegen Südafrika diskutierten. Ihren ersten Boykottaufruf hatte die AAB bereits im Oktober 1974 gestartet, als sie in mehreren deutschen Städten drei Wochen lang die Werbeaktionen des südafrikanischen Apfelsinenproduzenten Outspan vor Supermärkten störte, indem

---

aus Wuppertal, Ralf Syring von der Projektgruppe Internationalismus aus Bochum und Renate Meinshausen (ohne Gruppennennung), ebenfalls aus Bochum. Vgl. Bacia, S. 29ff, S. 36.
[129] Bacia, S. 33ff; Die Zahl der Mitglieder stieg im weiteren Verlauf zunächst stetig auf 286 im Jahr 1980 sowie 525 im Jahr 1985 an. Im Jahr 1989 schließlich wurde mit 1186 Mitgliedern der Höchststand erreicht. Vgl. Bacia, S. 294.

sie zum Beispiel die Konsumenten mit Flugblättern aufforderte: *"Presst keine Süd-Afrikaner aus".*[130]

Aus der Aktion gegen Outspan entwickelte sich in den folgenden Jahren eine Kampagne, die generell zum Boykott gegen südafrikanische Früchte aufrief und so erfolgreich war, *"dass südafrikanische Fruchtexporteure Ende der 1980er Jahre begannen, ihre Waren mit falschen oder verwirrenden Herkunftsbezeichnungen zu versehen, weil Produkte aus dem Land der Apartheid sich nicht mehr gut verkaufen ließen."*[131] Die Kampagne wurde unter anderem von mehreren Lokalgruppen weitergeführt, die im Laufe der Jahre bundesweit entstanden.[132] In den zwanzig Jahren ihres Bestehens organisierte die AAB weitere Boykottkampagnen, Demonstrationen und Konferenzen, um Sanktionen und Embargos zu fordern und durch öffentlichen Protest das Ende der deutschen Unterstützung für die Apartheid zu erreichen. Im Folgenden sollen einige dieser Aktivitäten exemplarisch aufgegriffen werden, um die kognitive Praxis des Protests gegen die Apartheid zu umreißen.

3.2 *„Institutionalisierter Erfahrungsaustausch"* - Organisationsstrukturen und Kommunikationskanäle

Die Organisation von Protesten gegen die Apartheid in der BRD wurde entscheidend durch die Tatsache geprägt, dass seit April 1974 mit dem Verein AAB eine zentrale Bewegungsorganisation existierte, deren erklärter Zweck in der Mobilisierung einer entsprechenden Bewegung bestand. Selbst nach den ersten demokratischen Wahlen in Südafrika im Jahr 1994 löste sich der Verein nicht vollständig auf, sondern ging schließlich in der Koordination Südliches Afrika (KOSA) auf, die *"als bundesweiter Zusammenschluss von entwicklungspolitischen Gruppen und Einzelpersonen, die thematisch zur Region Südliches Afrika arbeiten"*, bis heute vom Welthaus Bielefeld aus operiert.[133]

Dieser Verein bezog im Februar 1975, zunächst in der Hermannstraße 21 in Bonn-Beuel, eine eigene Geschäftsstelle, die bis 1990 von der Geschäftsführerin Ingeborg

---

[130] Bacia, S. 32f; S. 37f; S. 43; S. 46ff.
[131] Ebd., S. 55.
[132] Fünfzehn Lokalgruppen der AAB entstanden in den siebziger Jahren, vierzig weitere in den achtziger Jahren. Davon bestanden die folgenden elf Gruppen für zehn Jahre oder länger: Berlin (1974-9?), Bonn (1975-92), Bremen (1979-91/92), Darmstadt (1976- 94), Frankfurt am Main (1981; Neugründung 1983-92), Hamburg (1976-92/93), Köln (1974-77; 1983; 1986-94), München (1976-mind. 92), Regensburg (1980-93/94), Stuttgart (1975-92), Tübingen (1976-92). Auflistung nach Bacia, S. 291ff.; Vgl. auch Ebd., S. 43.
[133] Zitiert nach der Selbstbeschreibung der KOSA auf www.kosa.org. Abgerufen am 3.12.2011.

Wick hauptamtlich geleitet wurde.[134] Obgleich die Anti-Apartheid-Bewegung nicht einfach mit der Bewegungsorganisation AAB in eins zu setzen ist, war hier ein zentraler Knotenpunkt vorhanden, in dem die einzelnen Fäden einer im Entstehen begriffenen Bewegung zusammenlaufen und in täglicher Arbeit koordiniert werden konnten. Die AAB bildete so im Laufe der Zeit ein Netzwerk aus dutzenden Gruppen aus verschiedenen gesellschaftlichen Bereichen sowie bisweilen mehr als 1100 Einzelmitgliedern und über fünfzig Lokalgruppen. Zehn dieser Gruppen hatten eine Lebensdauer von mehr als zehn Jahren, 30 Gruppen bestanden bis zu fünf Jahre lang. Nicht alle Lokalgruppenmitglieder waren als Einzelmitglieder registriert und nicht alle Einzelmitglieder gehörten notwendig auch einer Lokalgruppe an.[135]

In den 1970ern hatten sich insgesamt 15 dieser Lokalgruppen gebildet, die neben den Einzelmitgliedern die Basis der Bewegung darstellten, eigenständig mit anderen Gruppen zusammenarbeiten konnten und über einen Lokalgruppenrundbrief mit Informationen aus der Geschäftsstelle und vom Vorstand versorgt wurden. Andersherum konnten sich die Lokalgruppen jederzeit mit ihren Anliegen an die Geschäftsstelle wenden und schickten dem Vorstand jeweils vor den jährlichen Mitgliederversammlungen einen Bericht über ihre Aktivitäten des letzten Jahres. Darüber hinaus gab es ab 1983 Regionaltreffen und ab 1985 in der Regel zwei Mal jährlich bundesweite Lokalgruppentreffen.[136]

Die Lokalgruppen an sich waren sehr individuell und entstammten unterschiedlichen Bereichen, wie etwa Kirche, Universität, Dritte-Welt-Bewegung, Gewerkschaft oder waren zum Teil auch nicht eindeutig einem bestimmten Bereich zuzuordnen. Während die meisten sich offiziell als AAB-Lokalgruppe bezeichneten, gab es einige, die bereits vor ihrer Assoziation mit der AAB unter einem anderen Namen bestanden hatten, unter dem sie dann auch weiterhin firmierten. Die Häufigkeit der Gruppentreffen variierte zwischen einmal pro Woche und einmal im Monat. In ihrem Engagement orientierten sich die Gruppen häufig an bundesweiten Aktionen, hatten jedoch auch oft eigene thematische Schwerpunkte, wie etwa die Stuttgarter Lokalgruppe mit ihrer Kritik an den Aktivitäten von Daimler-Benz in Südafrika.[137]

Der Lokalgruppenrundbrief variierte im Umfang zwischen zwei Seiten und bis zu dreißig Seiten und wurde von Bonn aus „unregelmäßig, aber sehr häufig" sowohl an

---

[134] Ingeborg Wick war Absolventin der Romanisitk und der Anglistik und suchte „nach einer langjährigen Solidaritätsarbeit zu Lateinamerika einen Job im Dritte-Welt-Bereich." Vgl. Bacia, S. 36.
[135] Ebd., S. 292ff.
[136] Ebd., S. 288ff.
[137] Ebd., S. 291.

die Lokalgruppen verschickt, als auch an andere Gruppen, die sich an einer Zusammenarbeit interessiert zeigten. „Der älteste überlieferte Lokalgruppenrundbrief stammt vom 19. Juli 1978, der jüngste vom 21. Januar 1993. Der Gesamtumfang beträgt etwa 900 Blatt, was heißt, dass die Geschäftstelle im Schnitt jedes Jahr 60 Seiten spezieller Informationen an die Lokalgruppen verschickte." Neben dem Rundbrief versandte die Geschäftsstelle auch das monatliche ANC-Organ *Sechaba* an die Lokalgruppen. Der Informationsfluss sowohl von der Geschäftsstelle in Richtung Lokalgruppen als auch andersherum wurde gelegentlich bemängelt, was offenbar hoher Arbeitsauslastung geschuldet war. Dennoch scheint es insgesamt eine konstruktive Zusammenarbeit gegeben zu haben. Wie die Protokolle der halbjährlichen Mitgliederversammlungen zeigen, berichteten dort fast immer Vertreter aus mehreren Lokalgruppen über ihre aktuellen Aktivitäten, die oft auf zentrale Anliegen der Bewegung bezogen waren. Ein Beispiel hierfür ist der Protest gegen das Kulturabkommen zwischen der BRD und Südafrika, der im Abschnitt 3.4 beschrieben wird.[138]

Neben den Lokalgruppenrundbriefen gab es von Beginn an einen Mitgliederrundbrief, der mindestens zwei Mal jährlich an alle Einzelmitglieder verschickt wurde. Ein typisches Exemplar umfasste zwanzig bis dreißig Seiten in gebundener Form und enthielt einerseits formelle Teile wie den Kassenbericht und den Haushaltsentwurf des AAB-Vorstands, die Vereinssatzung und die Tagesordnung anstehender Mitgliederversammlungen sowie andererseits inhaltliche Teile in Form von Berichten über die aktuellen Aktivitäten und Pläne von Lokalgruppen, Geschäftsstelle und Vorstand, Protokolle und Berichte von Mitgliederversammlungen, Konferenzen, Seminaren, Informationsveranstaltungen, Materialien zu aktuellen Kampagnen, wie etwa Faltblätter oder Unterschriftenlisten. Darüber hinaus diente er als Informationsquelle zu aktuellen Geschehnissen im südlichen Afrika und die Aktivitäten der Befreiungsbewegungen in der BRD, wie zum Beispiel deren Rundreisen, Auftritte bei Veranstaltungen oder Gespräche mit diversen Funktionsträgern. Die Rundbriefe dienten der Koordination unter den Vereinsmitgliedern, indem sie für alle Beteiligten den Stand der Dinge aufbereiteten und Anregungen für ihre jeweilige Solidaritätsarbeit lieferten.[139]

Neben den beiden Rundbriefen gab es einen weiteren wichtigen Kommunikationskanal für die AAB als Bewegung, der sowohl als eigene Informationsquelle als auch Sprachrohr nach außen diente. Bereits 1971 wurde die Informationsstelle Südliches

---

[138] Ebd., S. 290; AAB.ORG (AAB.1050); Protokolle der Mitgliederversammlungen finden sich unter anderem in den Mitgliederrundbriefen, in: AAB.643.
[139] Vgl. gesammelte Mitgliederrundbriefe in AAB.643.

Afrika (issa) zum Zweck der Information und Öffentlichkeitsarbeit gegründet. Die issa gab diverse Bücher heraus, die der Aufklärung über die Situation und gesellschaftlichen Zusammenhänge in der Region dienen sollten oder auch einem deutschen Publikum erstmals Dokumente wie die Freedom Charter nahe brachten. In der *edition südliches afrika. wissenschaftliche Reihe* etwa erschienen bis 1990 fünfzig Titel. Auch themenrelevante Belletristik gehörte zum Programm. Ab Oktober 1972 erschien, zunächst monatlich, der *Informationsdienst Südliches Afrika*. Seine Auflage hielt sich offenbar über lange Jahre hinweg recht stabil bei rund 2500 Exemplaren zum Einzelpreis von 5 DM. Finanziert wurde die Arbeit durch Spenden, Vereinsmitgliedsbeiträge und Zuschüsse vom Ökumenischen Rat der Kirchen „*nicht aber von der EKD.*" Vereinzelt wurden Artikel aus dem *Informationsdienst* von großen Zeitungen wie der *Frankfurter Rundschau* übernommen.[140]

Die Redakteure Peter Ripken und Christa Brandt sollten 1974 zu Gründungsmitgliedern der AAB werden, so dass im *Informationsdienst* über die AAB-Gründung berichtet und dieser in einem Mitgliederrundbrief der AAB empfohlen wurde. Zum 1. Januar 1976 wurde im Rahmen einer vertraglichen Regelung beschlossen, den *Informationsdienst* ab sofort gemeinsam herauszugeben. Neben der Beschäftigung von zwei Zivildienstleistenden zur Unterstützung der Redaktion des *Informationsdienst* wurde zusätzlich durch die AAB eine halbe bezahlte Stelle bereitgestellt. Es sollte dauerhaft zu Konflikten über die Ausrichtung der Zeitschrift kommen, da der Vorstand der AAB statt des rein informativen Stils eine klarere Positionierung und eine stärkere Tendenz zur Agitation wünschte. Obwohl im AAB-Mitgliedsbeitrag das Abonnement des *Informationsdienst* enthalten war und die AAB dadurch fast ein Drittel der Abonnenten stellte, konnte sie sich in diesem Punkt nicht durchsetzen. Stattdessen wurden ab 1986 zusätzlich die *Anti-Apartheid-Nachrichten* herausgebracht, deren Umfang nur wenige Seiten ausmachte und deren Zielgruppe „*interessierte, aber noch nicht engagierte Personen*" sein sollten. An der gemeinsamen Herausgabe des *Informationsdienst* als „unverzichtbare Informationsquelle für die AAB-Mitglieder" wurde aber weiter festgehalten.[141]

---

[140] Geschäftsberichte von 1976/77 bis 1990/91 der Informationsstelle Südliches Afrika e.V. (issa), in: AAB.117. Die Häufigkeit des Erscheinens variierte in verschiedenen Jahren zwischen sechs und zwölf Ausgaben. Nach den ersten freien Wahlen in Südafrika im April 1994 wurde der *Informationsdienst* umbenannt und erscheint seitdem bis heute unter dem Titel *afrika süd*. Die Häufigkeit des Erscheinens variierte in verschiedenen Jahren zwischen sechs und zwölf Ausgaben.
[141] Bacia, S. 300ff; Grundsätze der Redaktionsarbeit des Informationsdienstes südliches Afrika, in: AAB.ORG (AAB.777) Nach den ersten freien Wahlen in Südafrika im April 1994 wurde der *Informati-*

Die Organisation und die Aktivitäten der AAB schlugen sich auch finanziell nieder. Im Geschäftsjahr 1980 zum Beispiel standen Einnahmen in Höhe von 117.964 DM Ausgaben von 122.184 DM gegenüber, wonach das Guthaben des Vereins zum Jahresende noch 13.621 DM betrug. Auf der Einnahmenseite ist bemerkenswert, dass einerseits 22.907 DM aus Spenden, 25.970 DM aus Spenden speziell für Befreiungsbewegungen wie den ANC und 27.119 DM aus Mitgliedsbeiträgen erzielt wurden, während zusätzlich durch den Verkauf von Infomaterial 10.860 DM und durch Aktionen und Seminare 31.108 DM in die Kasse kamen. Investiert wurden unter anderem 14.665 DM in die Herstellung von Dokumentationen und Informationsmaterialien, 6.709 DM speziell für die Herausgabe des *Informationsdienst* und 15.913 DM für Aktionen und Seminare. Für Gehälter und Honorare wurden 26.127 DM und für Reisekosten 4.188 DM verbucht. Konkrete Beispiele für den realen Gegenwert solcher Ausgaben werden die folgenden Abschnitte bieten.[142]

Die Entstehung der AAB aus einem kirchlichen Kontext heraus zeigt bereits an, dass sie dort auf bestehende Strukturen und Kontakte zurückgreifen konnte. So nahm sie zum Beispiel regelmäßig an Evangelischen Kirchentagen teil und arbeitete mit kirchlichen Gruppen wie lokalen ESG und der EFD zusammen. Insbesondere auf zwei Wegen verfolgte sie darüber hinaus ihr Anliegen, explizit nichtkirchliche Akteure einzubeziehen. Erstens betrieb die AAB von ihrer Geschäftsstelle aus eine intensive Kommunikation über ihren Presseverteiler, indem sie sich regelmäßig zu ihren eigenen Aktivitäten äußerte, das Verhalten deutscher Politiker kommentierte oder Stellung zu aktuellen Geschehnissen im südlichen Afrika bezog. In den zwanzig Jahren ihres Bestehens trat die AAB in Westdeutschland rund vierhundert Mal mit Pressemitteilungen, Presseerklärungen und Pressekonferenzen an die Öffentlichkeit. Es ist nicht leicht abzuschätzen, auf wie viel Resonanz sie damit wirklich stieß.[143]

Einerseits ist klar, dass die AAB nur gelegentlich namentlich in Berichten auftauchte. Andererseits aber war sie zumindest einem Teil der westdeutschen Journalisten als kompetente Informationsquelle durchaus willkommen, wie die lobende Korrespondenz mit einigen Pressevertretern zeigt. Ein Journalist von *Radio Bremen* etwa schrieb an die Geschäftsstelle, die „*Presseinformationen der Anti-Apartheid-Bewegung*", die er bereits seit einiger Zeit erhalte, „*sind mir bei meiner Arbeit sehr*

---

onsdienst umbenannt und erscheint seitdem bis heute unter dem Titel *afrika süd*. Die Häufigkeit des Erscheinens variierte in verschiedenen Jahren zwischen sechs und zwölf Ausgaben.
[142] Abschlußrechnung für das Geschäftsjahr 1980 (1.1.80 – 31.12.80), aus: Mitgliederrundbrief vom 31.3.81, S. 14, in: AAB.643.
[143] Die gesamten Pressemeldungen finden sich unter AAB.ORG (AAB.492)

hilfreich" und übermittelte der AAB zusätzlich die Adresse seines Bonner Büros, um eine jeweils aktuelle Verwertung sicherzustellen. Eine Redakteurin des Deutschlandfunks bat um Aufnahme in den Presseverteiler und Informationen zur Berichterstattung über die AAB, *„auch hinsichtlich der Möglichkeiten für eine aktive Mitarbeit."* Gelegentlich gab es Anfragen von Reportern, die zum Beispiel *„über Verzahnungen hiesiger Betriebe in Südafrika berichten"* wollten und prompt mit entsprechenden Materialien und den Kontaktdaten mehrerer Ansprechpartner versorgt wurden. Ein Dokumentarfilmer bedankte sich bei den *„lieben Freunden der AAB"* für deren Mitwirkung an seinem halbstündigen Film *„Apartheid ist Gotteslästerung"*, der zwischen Juni und Oktober 1986 zur Ausstrahlung in den Dritten Programmen der ARD angesetzt wurde.[144]

Ein weiterer wichtiger Kanal, um eine Zusammenarbeit auf breiterer Ebene zu erreichen, war der jährlich stattfindende Bundeskongreß entwicklungspolitischer Aktionsgruppen (BUKO, *heute: Bundeskoordination Internationalismus*), an dem die AAB von dessen Gründung im Jahr 1977 an regelmäßig mitwirkte. Als Dachorganisation umfasste der BUKO hunderte verschiedener Gruppen, *„die in ihm eine Möglichkeit sehen, ihre Aktivitäten zu koordinieren und ihrem Anliegen, [...] in der Öffentlichkeit ein stärkeres Gewicht zu verleihen."* Auch als potenzielle Quelle von „Know-How" konnte der BUKO nützlich sein, der sich unter anderem *„die Institutionalisierung des Erfahrungsaustauschs"* als Zweck setzte.[145]

In themen- und regionsspezifischen Arbeitskreisen traf die AAB dort mit anderen Gruppen zusammen, veranstaltete mit ihnen Themenseminare, besuchte Medien-Workshops, arbeitete an gemeinsamen Materialien und nutzte den BUKO als zusätzliche, öffentlichkeitswirksame Plattform für bundesweite Protestaufrufe. Auch um möglichst große Teilnehmerzahlen für eigene Veranstaltungen zu erreichen, eignete sich der BUKO. Eine Möglichkeit hierzu bestand schlicht darin, eine Mehrheit der Teilnehmer von den eigenen Vorhaben zu überzeugen und im Plenum einen entsprechenden Resolutionsantrag zur offiziellen Unterstützung durch den BUKO einzubringen, wie die AAB es verschiedentlich erreichte, zum Beispiel für ihren „Kongreß gegen die atomare Zusammenarbeit zwischen der Bundesrepublik Deutschland

---

[144] Brief von Hubert Rübsaat, Radio Bremen, an issa, vom 11. März 1980; Korrespondenz zwischen Manfred Hagel, *Südwestpresse*, und AAB zwischen dem 12. und 17. Januar 1983; Brief von Dr. Gernot Schley, *projektfilm*, an AAB vom 23. Mai 1986, alles in: AAB.ORG (AAB.731). Korrespondenz zwischen Margret Limberg, Deutschlandfunk und AAB zwischen dem 16. und 18. November 1976, in: AAB.LG.5000K.
[145] BUKO-Faltblatt „BUKO Koordinierungsausschuss", o.J.; „Vorschläge für eine BUKO-Struktur Diskussion", o.J., beides in: AAB.100.

und Südafrika" im Jahr 1978 oder die gemeinsam mit ASK, ACG und AWO ausgerichtete „Solidaritätskonferenz 'Frieden für das Südliche Afrika!'" 1984.[146]

3.3 „Thanks God, we still have West-Germany" – Problemdeutungen und Vorannahmen im Protest gegen die Apartheid

An dieser Stelle sollen einige zentrale Annahmen und Problemdeutungen identifiziert werden, an denen sich die Aktivisten der AAB in ihrer Protestpraxis und ihren Bemühungen um öffentliche Aufklärung orientierten. Es geht dabei um ihre Einstellungen zur Apartheid, zur Gesellschaft der BRD und zur Beziehung zwischen beiden. Welche Charakterisierungen und Zuschreibungen wurden jeweils vorgenommen? Was stand im Mittelpunkt der Wahrnehmung der Beteiligten? Wie beschrieben sie die herrschenden Verhältnisse? In welchem Verhältnis standen sie zu den Befreiungsbewegungen? Dabei wäre es irreführend, von einer völligen Geschlossenheit der Bewegung auszugehen. Stattdessen soll ebenso der Frage nachgegangen werden, worüber innerhalb der AAB kontrovers diskutiert wurde. Wie zu zeigen sein wird, ergaben sich Konflikte besonders bei Versuchen, das eigene Verhältnis zu den einzelnen Befreiungsbewegungen näher zu bestimmen. Bevor jedoch die Dissonanzen näher beleuchtet werden, sollen hier zunächst einige Elemente der Problemdeutung herausgefiltert werden, über die weitestgehend Einigkeit bestand.

Eine ganz wesentliche Bedingung für den Anti-Apartheidprotest in der BRD war zunächst einmal die keineswegs selbstverständliche Überzeugung, dass von Deutschland aus überhaupt etwas gegen die Unterdrückung von Menschen in fernen Ländern unternommen werden könne. Sowohl Pfarrer Eichholz auf der Gründungsversammlung als auch Pfarrer Braun in einem ersten Interview zur AAB betonten, dass ihr Engagement von Südafrikanern ausdrücklich erbeten worden war. Außerdem bestand die Hoffnung, dass die Deutschen von Europa aus Impulse geben könnten, die innerhalb Südafrikas nicht zu erreichen waren. Wenn also neben den des Landes verwiesenen Pfarrern noch weitere Menschen das Bedürfnis verspürten, etwas gegen Apartheid und Unterdrückung zu unternehmen, konnten sie sich durch derartige Appelle von Südafrikanern persönlich aufgefordert fühlen.[147]

Durch die Zusammenarbeit mit den Befreiungsbewegungen und deren Präsenz auf der Gründungsversammlung und diversen Veranstaltungen der AAB erfuhr das En-

---
[146] AAB.100; AAB.193.
[147] Vgl. Zitate eingangs zum Abschnitt 3.

gagement der Deutschen weitere Legitimierung.[148] Diese Zusammenarbeit stellte somit also eine wichtige moralische Ressource dar. Die direkte Verbindung zu den südafrikanischen Widerstandskämpfern wurde zusätzlich betont, indem der Satzung der AAB ein Auszug aus der Freedom Charter des ANC in deutscher Übersetzung vorangestellt wurde. Die deutschen Aktivisten richteten ihr Engagement auf ihr Heimatland aus, verstanden sich jedoch zugleich als Teil einer weltweit gegen die Apartheid in Südafrika agierenden Bewegung.[149]

Zur Einschätzung der Lebensbedingungen der „nicht-weißen" Bevölkerung in der Apartheidgesellschaft konnten insbesondere die Pfarrer aus dem MAKSA ihre eigenen, langjährigen Erfahrungen einbringen. In Vorbereitung auf die Gründung der AAB stellten sie in einer „Situationsanalyse" fest, dass Unterdrückung in Südafrika in allen Lebensbereichen evident werde. Aufgrund der anhaltenden und sich verschärfenden Restriktionspolitik durch die Weißen komme es zu einer zunehmenden Polarisierung, „die zu einer zukünftigen kriegerischen Auseinandersetzung zu führen droht." Neben einer umfassenden Auflistung zahlreicher Missstände in den Bereichen „Wirtschaft, Politik, Soziales, Psychologische Unterdrückung" identifizierten die Pfarrer die „Verflechtungen Südafrika – BRD" und kamen zu dem Ergebnis, dass von der Bundesrepublik aus „die Entwicklung im südlichen Afrika wesentlich mitbestimmt" werde.[150] Diese Überzeugung war zentral für die Bemühungen der AAB zur „Aufklärung und Mobilisierung einer breiten Öffentlichkeit".[151]

Typische Problemdeutungen und Annahmen der Akteure in Bezug auf das Verhältnis zwischen der BRD und Südafrika finden sich zum Beispiel in Vorträgen, wie sie etwa auf dem „Tribunal gegen Kolonialismus und Apartheid im Südlichen Afrika" am 15. Februar 1975 in Bonn gehalten wurden. In seiner Abschlusserklärung zum Tribunal zitierte Pfarrer Braun zunächst den südafrikanischen Ministerpräsidenten Vorster, um die Bedeutung der Handelsbeziehungen zwischen Deutschland und Südafrika zu untermauern: „Jedesmal, wenn ein südafrikanisches Produkt gekauft wird, so ist dies ein Stein in der Mauer unserer fortdauernden Existenz." Ein „hoher südafrikanischer Beamter" habe sich dementsprechend besorgt gezeigt über die zunehmende Isolierung seines Landes in Westeuropa, dann jedoch erleichtert hinzugefügt: „Thanks

---

[148] Beim Tribunal gegen Kolonialismus und Apartheid im Südlichen Afrika etwa standen unter anderem Vertreter von ANC, ZANU, ZAPU, SWAPO, des South African Congress of Trade Unions (SACTU) sowie der Ehrenpräsident der britischen Anti-Apartheid Movement Abdul Minty auf dem Programm. Vgl. Programm, in: Tribunal gegen Kolonialismus und Apartheid im Südlichen Afrika.
[149] Grundsätze für eine zukünftige Anti-Apartheidsbewegung in der BRD, in: AAB.ORG.1.
[150] Ebd.
[151] Ebd.

God, we still have West-Germany." Auch die UNO sei 1970 in einer Untersuchung zu dem Ergebnis gekommen, dass das System der Apartheid *„seine Existenz und seine relative Stärke zum größten Teil der wirtschaftlichen und politischen Unterstützung der größten kapitalistischen Länder zu verdanken habe."* Obwohl die UN-Vollversammlung und zahlreiche UN-Resolutionen diese Unterstützung bereits mehrfach verurteilt hätten, würden die größten Handelspartner Südafrikas weiter an ihr festhalten.[152]

Der Kölner Arzt Wolff Geisler, der ebenfalls dem Vorstand der AAB angehörte, wies in seinem Vortrag darauf hin, dass die BRD 1974 zum größten Handelspartner Südafrikas aufgestiegen sei. Auch 50% der südafrikanischen Auslandskredite stammten aus West-Deutschland. Im vergangenen Jahr hätten die Schulden der Republik Südafrika bei Frankfurter Banken 1,7 Milliarden DM betragen. Insgesamt 80% der privaten verarbeitenden Industrie Südafrikas würden von ausländischen Gesellschaften kontrolliert. Im Jahr 1970 seien ein Drittel aller Investitionen in Südafrika von Ausländern getätigt worden. Davon stammten 8,5% und somit mehr als fünf Milliarden DM aus der BRD.[153] Deutsche Unternehmen befänden sich *„unter den eifrigsten Anwendern der Apartheidsideologie [...], zahlen Löhne unter dem Existenzminimum und verdienen dort infolgedessen traumhafte Profite. VW zahlte dort 1971/72 und 1973 45% Dividende."* [154] Am Kap seien bislang 400 Unternehmen aus der BRD ansässig, *„die sich an der Erniedrigung, Knebelung, Ausbeutung der Schwarzen beteiligen und eine jährliche Profitrate von mehr als 18% daraus ziehen. [...Sie] betätigen sich in Südafrika als Rassisten. Sind sie es dort nur ´gezwungenermaßen´ oder spielen sie bei uns gezwungenermaßen die Rolle der Demokraten?"* [155]

Die Wirtschaftsbeziehungen zu Südafrika wurden somit grundsätzlich als unmoralisch ausgewiesen und die Gesinnung jener als fragwürdig eingeschätzt, die an ihnen Teil hatten. Auffallend oft wurde die Apartheid in Zusammenhang mit Faschismus und Nationalsozialismus gebracht und mit den Menschenrechten beziehungsweise der Charta der Vereinten Nationen kontrastiert. Überhaupt dienten Verweise auf die Vereinten Nationen sowie deren Erklärungen und Publikationen häufig dazu, den eigenen Einschätzungen zusätzliches Gewicht zu verleihen. Markus Braun zum Bei-

---

[152] Geisler, Wolff, Referat zum Thema 8: Auslandsinteressen unter besonderer Berücksichtigung der BRD, in: Tribunal gegen Kolonialismus und Apartheid im Südlichen Afrika.
[153] Handout zum Referat von Wolff Geisler, in: Tribunal gegen Kolonialismus und Apartheid im Südlichen Afrika, S. 2; S. 7.
[154] Ebd., S. 3.
[155] Ebd., S. 7.

spiel berief sich in seiner Beurteilung auf den UNO-Sicherheitsrat, dem zufolge die Apartheid „dem Gewissen der Menschheit ein Greuel" sei. Auch die Mitgliedsstaaten der UNO hätten zu deren 25. Jubiläum feierlich erklärt: „Wir verurteilen auf das schärfste die abscheuliche Politik der Apartheid, welche ein Verbrechen gegen das Gewissen und die Würde der Menschheit darstellt, und wie der Nazismus den Grundsätzen der Charta widerspricht. Wir beteuern, ... unsere Entschlossenheit, keine Anstrengung zu scheuen, ... um die Ausrottung der Apartheid in Südafrika sicherzustellen."[156]

Die südafrikanische Regierung nannte Braun in seiner Rede ein „faschistisches Regime". Gerade Vergleiche mit dem Nationalsozialismus eigneten sich dazu, die Apartheid als nicht hinnehmbares Verbrechen zu kennzeichnen und die Notwendigkeit zu beschwören, sie zu überwinden. In ähnlicher Weise bezeichnete auch Wolff Geisler Südafrika als „Exerzierplatz des Faschismus" und verwies auf direkte Kontinuitätslinien in den deutschen Wirtschaftsbeziehungen zu Südafrika, die vom Kaiserreich über den Nationalsozialismus bis zur BRD reichten. So hätte sich das „deutsche Großkapital" bereits in seinen kolonialen Bestrebungen in Südwestafrika „den Buren immer wieder als natürlicher Verbündeter" gegen das rivalisierende britische Empire angeboten und im Burenkrieg Gewinne mit Waffenlieferungen erzielt. Später habe die Auslandsorganisation der NSDAP (NSDAP-AO) in Südwestafrika „umfangreiche Aktivitäten" entfaltet. Der Kriegseintritt Südafrikas gegen Nazi-Deutschland sei nur durch eine knappe „Mehrheit von 80 zu 67 Stimmen" zustande gekommen. Nach der Gründung der BRD seien die Wirtschaftsbeziehungen unter Rückgriff auf die „Fähigkeiten zahlreicher in Südafrika untergetauchter NS-Größen [...] reaktiviert und neu geknüpft" worden. Maßgeblich für ihren Aufbau sei zum Beispiel der ehemalige Leiter der NSDAP-AO, SS-Obergruppenführer Ernst Wilhelm Bohle gewesen.[157] Der Chefredakteur der Zeitung „Afrika Post" der Deutsch-Südafrikanischen Gesellschaft (DSAG) sei der frühere Mitarbeiter des NS-Propagandaministeriums Hans-Georg Thormeyer.[158] Den traditionell guten Beziehungen entsprechend sei auch das Deutschlandbild in Südafrika überaus positiv. Einem von Geisler zitierten Artikel im

---

[156] Braun, Markus, Abschlußerklärung, in: Tribunal gegen Kolonialismus und Apartheid im Südlichen Afrika, in: AAB.ORG (AAB.956) Auslassungen im Original (Anm. d. Verf.).
[157] Bohle hatte die Gründung einer Reihe „Südafrikanischer Studiengesellschaften" zum Zweck der Förderung der Wirtschaftsbeziehungen veranlasst. Die Südafrikanische Studiengesellschaft in Düsseldorf zum Beispiel wurde von Otto Dietrich geleitet, der Reichspressechef der NSDAP und ebenso wie Bohle SS-Obergruppenführer gewesen war.
[158] Geisler, Wolff, Referat zum Thema 8: Auslandsinteressen unter besonderer Berücksichtigung der BRD, in: Tribunal gegen Kolonialismus und Apartheid im Südlichen Afrika.

Handelsblatt vom 29.08.1970 zufolge waren dort selbst „*deutsche geschichtliche Perioden wie das Kaiserreich und auch das Dritte Reich in angenehmer Erinnerung. (...) Heute sind es VW, Mercedesstern und Fotoapparate, die das deutsche Image prägen.*"[159]

Geisler zählte insgesamt über ein Dutzend prominenter Politiker aller Parteien im Bundestag auf, die auf ihren Südafrikareisen die Apartheid gelobt und eine Demokratisierung abgelehnt hätten. Die Reihe insbesondere von CDU/CSU-Politikern, die Südafrika Besuche abgestattet hätten, sei „*schier endlos*". Ludwig Erhard habe 1954 als Wirtschaftsminister geäußert: „*In Deutschland und in Südafrika ist ein ähnlicher Geist am Werke.*" Bundespräsident Lübke habe 1959 festgestellt: „*Ich weiß das Rassenproblem hier in guten Händen.*" Alle übertroffen habe jedoch Franz-Josef Strauß, der auf mehreren Reisen deutsche Investitionen angeregt und 1971 für den Fall eines Sieges der CDU/CSU bei den nächsten Bundestagswahlen sogar Waffenlieferungen versprochen habe. Entgegen aller Beteuerungen der sozial-liberalen Bundesregierung habe es jedoch längst eine militärische Zusammenarbeit zwischen Bonn und Pretoria gegeben, die „*[d]en eklatantesten Beweis für das Interesse der Bundesregierung an der Aufrechterhaltung des rassistischen Minderheitsregimes*" darstelle.[160]

Mit ihren Vorwürfen, die getragen wurden durch eine Konferenz mit rund 450 Teilnehmern, unter denen sich auch Vertreter der UNO und „*zahlreiche Vertreter südafrikanischer Befreiungsbewegungen und afrikanischer Botschaften*" befanden, erzeugte die AAB ein gewisses Medienecho. *Frankfurter Allgemeine, Frankfurter Rundschau, Süddeutsche Zeitung* und *Westdeutsche Allgemeine* berichteten über die Veranstaltung und verzeichneten eine bislang ausbleibende Stellungnahme der Bundesregierung. Die *FR* wies darauf hin, dass obwohl die Bunderegierung in einzelnen Fällen bereits militärische Lieferungen dementiert habe, „*nur sehr schwer ein Einblick in die tatsächlichen Vorgänge zu gewinnen ist.*"[161]

---

[159] Ebd. Auslassung im Original.
[160] Handout zum Referat von Wolff Geisler, in: Tribunal gegen Kolonialismus und Apartheid im Südlichen Afrika, S. 5f. Geisler nennt in seinem Handout konkrete Beispiele und Belege für Lieferungen von Transall-Transportflugzeugen, Militärhubschraubern, Panzerfahrzeugen, Kriegsschiffen, Raketen, Bestandteilen von Düsenjägern und weiteren Waffensystemen sowie für die Planung einer Urananreicherungsanlage zur Produktion von Atomwaffen. Präsident De Klerk gab knapp zwanzig Jahre später zu, dass Südafrika insgesamt sechs Atombomben gebaut hatte. Vgl. Beresford, David, De Klerk admits to nuclear past, in: Guardian (25.03.1993), S.1.
[161] Zitat aus Kepper, Hans, Bonn wird Unterstützung der Apartheid-Politik vorgeworfen, in: Frankfurter Rundschau (15.02.1975); Vgl. O.A., Aufruf zum Boykott Südafrikas, in: Frankfurter Rundschau (17.02.1975); O.A. „Anti-Apartheid-Tribunal beschuldigt die Bundesregierung, in: Frankfurter Allgemeine Zeitung (17.02.1975); O.A., Südafrika-Tribunal: Bonn unterstützt die Rassenpolitik, in: West-

Die Ausführungen von Braun und Geisler auf dem Tribunal waren durchaus repräsentativ für die grundsätzliche Wahrnehmung der AAB. Die Beteiligten sahen ihr Engagement als absolut notwendig und von den Unterdrückten ausdrücklich erbeten an. Die direkte Unterstützung durch UNO und Widerstandsorganisationen war entscheidend für das Gewicht der eigenen Positionen, die allerdings jeweils auch durch detailliertes Hintergrundwissen über die Beziehungen zu Südafrika abgestützt wurden. Der Rang der BRD als Südafrikas größter Handelspartner schien die undemokratische Gesinnung all jener zu belegen, die Kontakte zu weißen Südafrikanern unterhielten, da sie somit laut AAB die Apartheid am Leben hielten. Zusätzlich untermauert wurde diese Einschätzung durch Bezüge zur deutschen Vergangenheit und Kontinuitätslinien in den Beziehungen zu Südafrika.

Ein zentrales Motiv war es dann auch, an die Furcht vor einer erneuten Mitschuld und einer besonderen Verantwortung zu appellieren, die sich aus den Verbrechen der Nazis ergaben. Zum Besuch des südafrikanischen Außenministers Hilgard Muller im September 1975 in der BRD etwa wurden Flugblätter mit der düsteren Skizze eines Menschen hinter Stacheldraht verteilt, nebst der Frage: „*Erinnern Sie sich noch: An die Zeit, in der in Deutschland Menschen aufgrund ihrer Rasse verfolgt, entrechtet und sogar vernichtet wurden?*"[162]

Abgesehen von Zuspitzungen dieser Art wurden nähere Festlegungen auf bestimmte politische Positionen bezüglich der Zukunft Südafrikas, einzelner Befreiungsorganisationen oder der geeignetsten Strategien gegen die Apartheid insgesamt vermieden, um eine möglichst große Offenheit der Bewegung zu gewährleisten und den Zugang zu ihr nicht unnötig zu erschweren. Die AAB verstand sich selbst ausdrücklich als *„Ein-Punkt-Bewegung"*, wie der Vorstand der Gruppe es 1982 in einem Grundsatzpapier formulierte. Protestiert wurde gegen die Urananreicherung für südafrikanische Atombomben, nicht jedoch gegen Urananreicherung an sich. Man setzte sich ein für Frieden und gegen die Gewalt der Apartheidregierung, nicht aber für Pazifismus und generellen Gewaltverzicht, da der bewaffnete Kampf gegen die Apartheid von der AAB ausdrücklich als legitim betrachtet wurde. Diese Punkte waren entscheidend für die Bedingungen, unter denen die AAB mit anderen Gruppen im Rahmen der Frie-

---

deutsche Allgemeine Zeitung (17.02.1975); O.A., Anti-Apartheid Tribunal beschuldigt Bonn, in: Süddeutsche Zeitung (17.02.1975).
[162] Flugblatt „Erinnern Sie sich noch", September 1975, in: AAB.LG.5000K.

dens- und Ökologiebewegung zusammenarbeiten konnte, um ihr eigenes Anliegen zum Beispiel im Rahmen größerer Kundgebungen einzubringen.[163] Absoluten Vorrang vor Einzelfragen hatte demnach einzig und allein das gemeinsame Ziel, die Apartheid zu überwinden. Dies wurde auch entsprechend gegenüber Außenstehenden kommuniziert, die sich an einer Mitarbeit interessiert zeigten. So sei die AAB „*eine sehr heterogen zusammengesetzte Vereinigung [...]. Von jedem den Du hier fragst, wirst Du nur eine persönliche Einschätzung bekommen können.*" Durch eine Mitarbeit in der AAB ergäben sich aber zwangsläufig „*mehr Kontakte und Informationskanäle*" um selbst Erfahrungen zu sammeln. Es bestünden in der Tat auch Kontakte zu Gruppen wie dem Kommunistischen Bund oder der Gruppe Internationaler Marxisten, grundsätzlich seien aber in der AAB „*alle politischen Strömungen (außer Faschisten, die wir nicht aufnehmen) vorhanden*" und Interessierte jederzeit willkommen.[164]

Diese Haltung der Toleranz gegenüber unterschiedlichen Positionen innerhalb der AAB stand aber offensichtlich erst am Ende einer Phase, in der heftig darüber gestritten wurde, welche der zahlreichen existierenden Widerstandsgruppen des südlichen Afrika aufgrund ihrer Ideologien und Programme zu akzeptieren oder abzulehnen seien und mit welchen man selbst die Zusammenarbeit suchen wollte. In den ersten Jahren kam es über diese Fragen zu Zerwürfnissen, die einerseits den Rückzug einiger Beteiligter zur Folge hatten und nicht zuletzt von der eigentlichen Solidaritätsarbeit abhielten. Auch aus pragmatischen Gründen und aufgrund der undurchsichtigen Informationslage über die Entwicklungen innerhalb und zwischen den afrikanischen Organisationen, legten sich letztlich wohl die Grundsatzdebatten. Rein Praktisch bedeutete dies offenbar, dass der ANC und die SWAPO, aufgrund ihrer eigenen Stärke im Exil, in der Bündnisarbeit in den Vordergrund rückten. Die Beruhigung der Debatten war letztlich auch dem Rücktritt zentraler Akteure geschuldet. Markus Braun zum Beispiel trat zunächst aus dem Vorstand zurück und kündigte 1981 sogar seine Mitgliedschaft, weil die AAB sich seiner Meinung nach auf Kosten anderer Südafrikaner zu nah am ANC orientierte. In der AAB als *Bewegung* war er jedoch weiterhin aktiv und betonte explizit, „*bei bestimmten Anlässen*" weiterhin mit der *Gruppe* AAB kooperieren zu wollen.[165]

---

[163] Vgl. Bacia, S. 198-204.
[164] Brief von Martin Böttger, AAB, an Hans-Jürgen Gottschalk, Darmstadt, vom 5. April 1978, in: AAB.ORG (AAB.491). Unterstreichung im Original.
[165] Vgl. Bacia, S. 34f, S. 174f, S. 180ff.

3.4 „Das Kulturabkommen mit Südafrika muss gekündigt werden!" - Übersetzung der Kritik in die Sprache gesellschaftlicher Teilsysteme

Dieser Abschnitt widmet sich dem Aktionsrepertoire der AAB. Welche Mittel und Wege fanden die Aktivisten, um sich in der bundesrepublikanischen Gesellschaft Gehör zu verschaffen? Exemplarisch soll hier vor allem ihre Interaktion mit Akteuren aus dem gesellschaftlichen Teilsystem der Politik untersucht werden. Dabei zeigt sich, dass die Aktiven in der AAB mit prinzipiell einfachen Mitteln über Jahre hinweg beharrlich immer neue Anläufe unternahmen. Nach dem Prinzip des „steten Tropfens, der den Stein höhlt", hielten sie die Bewegung in Gang oder bemühten sich um neuen Schwung, wenn dieser verloren zu gehen drohte. Die Kritik schien oft zu verpuffen. Indem sie jedoch immer wieder neue Unterstützer für sich gewannen, Bündnisse schufen und gezielt die sich ihnen bietenden Räume besetzten, errang die AAB Schritt für Schritt durchaus ihre Teilerfolge.

Eine zentrale Angriffsfläche, die sich der AAB über viele Jahre hinweg zur Formulierung ihrer Kritik geradezu anbot, war das „Kulturabkommen zwischen der Bundesrepublik Deutschland und der Republik Südafrika" vom 11. Juni 1962. Vor allem der symbolische Wert dieses Abkommens sowie die Schlüsse, die sich aus dem Umstand ziehen ließen, dass die BRD der letzte Staat weltweit war, der sein Kulturabkommen mit Südafrika aufrecht erhielt, luden zu Widerspruch ein. Die Grünen-Abgeordnete Annemarie Borgmann brachte dies in ihrer Bundestagsrede am 26. September 1985 auf den Punkt: „Wenn wir über die sogenannte Kündigung des Kulturabkommens mit Südafrika sprechen, dann geht es nicht primär um Kulturpolitik. [...] Von der Bundesrepublik bezieht das Apartheidregime sein Öl. Von hier bekommt es Kredite. Von hier bezieht es sein Geld durch den Verkauf von Krüger-Rand-Goldmünzen, durch den Verkauf von Uran, das das Regime seinerseits aus Namibia stiehlt. Erst vor diesem Hintergrund hat es Sinn, über die bundesdeutsche Kulturpolitik gegenüber Südafrika zu sprechen. Um es klar zu sagen: Die Bundesrepublik ist einer der treuesten Freunde Südafrikas in der Welt."[166]

Der Protest gegen das Abkommen liefert mitunter ein Beispiel dafür, dass die Initiative zu Aktivitäten der AAB keineswegs auf die Bonner Geschäftsstelle und den Vorstand einer einzelnen Bewegungsorganisation beschränkt blieb. In diesem Fall ging sie zurück auf die Stuttgarter „Aktionsgruppe ´Freiheit für Nelson Mandela (Südafri-

---

[166] Deutscher Bundestag, 10. Wahlperiode, 159. Sitzung, Bonn, Donnerstag, den 16. September 1985, S. 11859.

ka)´! e.V." Deren Erster Vorsitzender, der Pfarrer Karl Schmidt, sprach sich in Briefen an Vorstand und Geschäftsstelle der AAB im Juli 1979 dafür aus, zusätzlich zur *„Boykottarbeit"* die Kündigung des Abkommens zu fordern, und zwar *„publizistisch wirksam"*. Schmidt schlug vor, hierzu einen offenen Brief an die Bundesregierung und die Mitglieder des Bundestages zu verfassen, den Parlamentariern über eine groß angelegte Postkartenaktion direkt die Proteststimmen von Bürgern zukommen zu lassen und zusätzlich die 33 Mitglieder des Auswärtigen Ausschusses in einem ausführlichen Schreiben um ihre Unterstützung zu bitten. Darüber hinaus sei zu überlegen, Verfassungsbeschwerde beim Bundesverfassungsgericht einzulegen.[167] Der zunächst neunseitige (handschriftliche) Entwurf des offenen Briefes, den Schmidt seinem Schreiben vom 27. Juli beifügte, erwies sich als geradezu programmatisch für die grundsätzliche Kritik am Kulturabkommen in den folgenden Jahren. Unter dem Titel *„Das Kulturabkommen mit Südafrika muss gekündigt werden!"* wurde daraus neben dem vorgeschlagenen offenen Brief fünf Jahre später schließlich ein 46-seitiges Pamphlet, das zunächst auf deutsch und einige Monate später auch in englischer Sprache herausgegeben wurde. Das UN-Special Committee Against Apartheid beteiligte sich mit 3000 US-Dollar an den Kosten der englischen Ausgabe.[168]

In dem offenen Brief und dem Pamphlet wird darauf aufmerksam gemacht, dass die BRD als einzige Nation immer noch ein Kulturabkommen mit Südafrika unterhalte, nachdem zuletzt die Niederlande und Belgien ihre Abkommen eingefroren hätten, dass das Abkommen laut seiner Präambel zur Förderung der Zusammenarbeit *„zwischen beiden Völkern"* geschlossen worden sei, während die Apartheid-Ideologie doch selbst besage, *„daß in diesem Staat nicht ein Volk, sondern viele Völker leben."* Die *„22 Millionen ´Nicht-Weißen´ müssen in voneinander getrennten Ghettos leben"* und hätten am Abkommen keinen Anteil, sondern großen Schaden. Anhand der einzelnen Artikel des Abkommens wird aufgezeigt, wie dieses *„die intensive, einseitige und irreführende Propagandatätigkeit der Südafrikanischen Botschaft in der Bundesrepublik"* fördere, dass mit Bildungsreisen nach Südafrika ein einseitiger Blick auf die soziale Realität erzeugt werde und dass südafrikanische Passinhaber ohne Visum in die BRD reisen durften, während allein *„seit Ende 1976 rund 6 Mio schwar-*

---

[167] Brief von Karl Schmidt an Ingeborg Wick vom 13. Juli 1979 und Brief von Karl Schmidt an den Vorstand der AAB vom 27. Juli 1979 mit beiliegendem Entwurf eines offenen Briefes an die Bundesregierung, beide in: AAB.303.
[168] Brief von Enuga S. Reddy, UN-Centre Against Apartheid an Ingeborg Wick, AAB vom 23. Juli 1984, in: AAB.134; „Cancel the Cultural Agreement with South Africa!", in: AAB.II.1984:22.

ze Südafrikaner ihr Bürgerrecht wider Willen verloren" hätten, da sie in international nicht anerkannte *„Homelands"* ausgebürgert worden waren. Zudem würden durch das Kulturabkommen die Artikel 1, Artikel 3 Absatz 3 und Artikel 26 des Grundgesetzes verletzt, welche die Menschenwürde schützten, vor Rassendiskriminierung bewahrten und jegliche Störung des friedlichen Zusammenlebens der Völker verboten.[169]

Zur Einschätzung der Erfolgsaussichten einer Verfassungsbeschwerde hatte Schmidt bereits ein Rechtsgutachten bei den Stuttgarter Anwälten Rezzo Schlauch und Ulrich Cassel in Auftrag gegeben. Deren Einschätzung zufolge widersprach das Kulturabkommen *„in der Tat in einigen Punkten den Pflichten [...], auf die das Grundgesetz die gesamte Staatsgewalt unserer Republik d.h. auch die Bundesregierung festlegt."* Nur seien diese Pflichten *„auch der öffentlichen Gewalt stets nur verständlich als Pflichten gegenüber jemandem oder in Bezug auf jemanden."* Die Klage müsse deshalb direkt von betroffenen Südafrikanern oder Namibiern eingereicht werden. Dazu kam es schließlich jedoch nicht.[170]

Eine gewisse Wirkung sollten dafür die Postkartenaktion und das direkte Einwirken auf die Mitglieder des Bundestages zeitigen. Die Aktion wurde eingeläutet durch eine Kulturveranstaltung am 8. November 1979 in München unter dem Motto *„Künstler gegen Apartheid"*, welche die dortige AAB-Lokalgruppe organisierte. Öffentlichkeitswirksame Unterstützung sicherte sie sich durch einen erneuten Aufruf zur Kündigung des Kulturabkommens im Vorfeld der Veranstaltung, den Prominente wie Dieter Hildebrandt, Konstantin Wecker, Senta Berger und andere unterzeichneten. Die *Süddeutsche Zeitung* und der *Bayrische Rundfunk* brachten Veranstaltungshinweise. Auf der Veranstaltung selbst sprachen unter anderem die Schriftsteller Uwe Timm, Heinar Kipphardt sowie der Vorsitzende des Verbands deutscher Schriftsteller (VS), Bernt Engelmann, vor etwa 800 Besuchern über Rassismus in Südafrika und der BRD. Nebenbei warf die Veranstaltung 2000 DM an Spenden für eine Schule des ANC in Morogoro, Tansania ab. Der VS rief drei Monate später auf dem Schriftstellerkongress im Februar 1980 in München selbst ebenfalls zur Kündigung des Kulturabkommens auf. Des Weiteren nutzte die AAB gezielt Veranstaltungen wie etwa die

---

[169] „Das Kulturabkommen mit Südafrika muss gekündigt werden!", in: AAB.II.1984:57; Einige weitere, inhaltlich sehr ähnliche Versionen von offenen Briefen mit dem Aufruf zur Kündigung des Kulturabkommens in: AAB.303.

[170] Brief von Bernhard Faltin an den Vorstand der AAB vom 24. Juli 1979 mit beiliegendem Gutachten von Rechtsanwalt Ulrich Cassel vom 19. Juli 1979, in: ebd; Mitgliederrundbrief vom 9. Juli 1980, in: AAB.III.643.

Frankfurter Buchmesse, die im Oktober 1980 den Themenschwerpunkt „Schwarzafrika" aufwies, um ihre Doppelpostkarten möglichst zahlreich zu verbreiten. ANC und SWAPO waren erstmals mit eigenen Ständen auf der Buchmesse vertreten, deren Besetzung mit Vertretern von AAB und ASK personell unterstützt wurde. Vertreter der AAB und der SWAPO nahmen dort zudem an einer Podiumsdiskussion über Namibia teil.[171]

Im Vorfeld der Postkartenaktion war es Karl Schmidt gelungen, im Stuttgarter SPD-Abgeordneten Peter Conradi einen „Verbündeten" für die AAB im Bundestag zu gewinnen. Conradi zeigte sich bereit, „Unterlagen über die einstige Ratifizierung des KA im Bundestag" sowie die Adressen der Mitglieder des Auswärtigen Ausschusses zu besorgen, der Stuttgarter AAB-Gruppe einen Besuch abzustatten und sich bei anderen MdBs für ihre Forderungen einzusetzen. Conradi war es vermutlich auch, der der AAB ein fraktionsinternes Rundschreiben des parlamentarischen Geschäftsführers der SPD-Bundestagsfraktion, Gerhard Jahn, zukommen ließ. Dieser enthielt als Anlage für die SPD-Genossen einen Musterantwortbrief zur Postkartenaktion, „[u]m Euch die Beantwortung dieser Anfragen zu erleichtern".[172]

Tatsächlich lagen der AAB bereits eine ganze Reihe von Antwortbriefen von SPD-Abgeordneten vor, die im Kern fast alle jenem Musterbrief entsprachen: „[S]chon seit Monaten treten zahlreiche Bürger in der Form, die auch Sie gewählt haben, an die Mitglieder der SPD-Bundestagsfraktion [...] heran." Das Kulturabkommen, so die Antworten der MdBs, solle neu ausgehandelt werden, so dass alle Bevölkerungsgruppen Südafrikas berücksichtigt würden. Sollte die südafrikanische Regierung sich dem entziehen, müsse das Abkommen in der Tat gekündigt werden. Diese Position rief offensichtlich Widerspruch hervor, denn Hans-Jürgen Wischnewski, Vorsitzender des Arbeitskreises Außen- und Sicherheitspolitik, schrieb in einem Brief an das AAB-Mitglied Ludger Baack, „in zahlreichen Antwortschreiben" hätten die Genossen bereits ihre „Haltung dazu deutlich zu machen versucht, sind aber nicht immer auf Verständnis gestoßen. Ich will dies deshalb noch einmal erläutern." Durch das Abkommen seien „immer mehr von der Apartheid Betroffene in der Lage, ein politisches Bewusstsein zu bilden, das sie zu stärkerem und effektiveren Drang nach Abschaf-

---

[171] Mitgliederrundbriefe vom 19. März 1980 sowie vom 30. März 1981, in: AAB.III.643.
[172] „Nachträgl. Gesprächsprotokoll vom 23. Juli 79 (16.45-18.00 Uhr) MdB Conradi, Kemnat", in: AAB.303; Rundbrief der „Aktionsgruppe ´Freiheit für Nelson Mandela (Südafrika)!´ e.V." an „Solidaritätsgruppen, Organisationen und Einzelpersonen" vom 27. September 1979 mit beiliegender Doppelpostkarte „Unterdrückung in Südafrika – Wie lange noch?", in: ebd. Mitgliederrundbrief vom 9. Juli 1980, in: AAB.III.643.

fung der Apartheid befähigt. Richtig angewandt bietet uns das Kulturabkommen das wirksamste Instrumentarium zur Erreichung dieses Zieles [...]." In welcher Form diese „richtige Anwendung" des Abkommens konkret geschah, ließ er offen.[173] Dennoch trug die Postkartenaktion dazu bei, dass das Kulturabkommen im Bundestag kritisch hinterfragt wurde. Insgesamt 22 MdBs (21 aus der SPD sowie Jürgen W. Möllemann aus der FDP) hatten sich einer Auflistung von Karl Schmidt zufolge seit dem Start der Aktion im Bundestag gegen das Kulturabkommen gewandt. Die SPD-Abgeordneten Dr. Olaf Schwencke und Dr. Rudolf Schöfberger zum Beispiel richteten am 30. November 1979 bzw. am 13. Februar 1980 entsprechende Anfragen an die zuständige Staatsministerin Dr. Hildegard Hamm-Brücher, wie die Bundesregierung *„die öffentlich erhobene Forderung"* einer Kündigung des Abkommens beurteile. Die Staatsministerin befand in ihrer Antwort, es sei der Regierung *„mit zunehmendem Erfolg gelungen"* die Kulturbeziehungen so zu gestalten, *„daß ein Beitrag zum Abbau der Rassendiskriminierung geleistet"* werde. An eine Kündigung werde deshalb nicht gedacht. Im Übrigen hätten auch Belgien und die Niederlande ihre Abkommen zwar in der Tat suspendiert, nicht jedoch gänzlich gekündigt.[174]

Die AAB wiederum griff die beiden Stellungnahmen Hamm-Brüchers in einem neuerlichen Schreiben an Bundesregierung und Bundestag auf, das sie zusätzlich afrikanischen Botschaften in der BRD, der Organization for African Unity und dem UN-Special Committee Against Apartheid zukommen ließ. *„Diesem Rechtfertigungsversuch zur Beibehaltung dieses ´Kulturabkommen mit der Apartheid´ (Dr. Frene Ginwala/ANC) muß entschieden widersprochen werden."* Angesichts der Faktenlage belüge die Regierung sowohl sich selbst als auch die Öffentlichkeit. Immerhin, zur Mitgliederversammlung der AAB im April 1980 stellte eine neu eingerichtete Arbeitsgruppe zum Kulturabkommen fest: *„Mit gewisser Genugtuung kann zur Kenntnis genommen werden, daß die Bundesregierung keine Neubelebung der Ständigen Gemischten Kommission betreiben will."* Offizielle Zusammenkünfte zur praktischen Ausgestaltung des Abkommens fanden somit vorerst nicht mehr statt. Umso mehr

---

[173] Hausinterner Rundbrief von Gerhard Jahn an Mitglieder der Sozialdemokratischen Bundestagsfraktion vom 22. Oktober 1979 mit beiliegendem Musterbrief, in: AAB.303; Brief von Hans-Jürgen Wischnewski an Ludger Baack vom 11. Januar 1982, in: ebd. Wie viele Postkarten insgesamt tatsächlich an MdBs verschickt wurden, geht aus den vorliegenden Quellen nicht hervor. Wie das Schreiben von Wischnewski zeigt, wurde die Aktion jedoch über einen Zeitraum von mindestens zwei Jahren fortgeführt. Siehe auch Mitgliederrundbrief vom 2. Oktober 1979, in: AAB.III.643. Unter der Signatur AAB.303 liegen zahlreiche Antwortschreiben von Bundestagsmitgliedern der SPD vor, die sich offensichtlich am besagten Musterbrief anlehnen.
[174] Liste mit Namen von Bundestagsabgeordneten, die sich im Bundestag gegen das Kulturabkommen gewandt haben, versehen mit Adress-Stempel von Karl Schmidt, in: AAB.303; „Anlage 59, Deutscher Bundestag, 8. Wahlperiode, 201. Sitzung, Bonn, Mittwoch, den 13. Februar 1980", in: ebd.

beschloss die Mitgliederversammlung die Kündigung des Abkommens als *„eine Hauptforderung in der AAB-Arbeit"* beizubehalten. *„Dazu ist notwendig, die angelaufene Kampagne in Zusammenarbeit mit Künstlern, Parlamentariern und anderen relevanten Gruppen zu intensivieren."* [175]

Am 25. Februar 1981 gab die Vereinigung der Afrikanisten in Deutschland (VAD), der auch Mitglieder von AAB und issa angehörten, eine Erklärung heraus, in der sie ebenfalls die Kündigung des Kulturabkommens forderte und die Bundesregierung für das Scheitern einer *„Genfer UN-Konferenz über Waffenstillstand und freie Wahlen in Namibia"* mitverantwortlich machte, auf der sie keinen wirkungsvollen Druck ausgeübt habe. Statt ein Kulturabkommen mit der Regierung in Pretoria zu unterhalten, solle die Bundesregierung vielmehr den Kontakt zur Opposition suchen. *„In diesem Sinn betrachten wir es als einen Schritt in die richtige Richtung, daß für den ANC-Südafrika eine Vertretung in der Bundesrepublik eingerichtet wird."* (Letzteres geschah allerdings nicht in so sehr in Absprache mit dem deutschen Staat, sondern in erster Linie mit Unterstützung der Bonner AAB-Geschäftsstelle. Vgl. Abschnitt 4.2). Insgesamt 32 Professoren und Hochschuldozenten hatten die Erklärung unterzeichnet. In den Zeitungen wurde daraus allerdings nicht mehr als eine Randnotiz. [176]

Als das Kulturabkommen am 13. November 1981 erstmals auf einer Bundespressekonferenz thematisiert wurde, rechtfertigte der Pressesprecher des Auswärtigen Amtes, Karl Theodor Paschke, das Festhalten am Kulturabkommen zunächst mit den Leistungen insbesondere in Bildungsbereich, *„durch die die nichtweiße Bevölkerung bevorzugt gefördert wird."* Den Journalisten leuchtete diese Position offensichtlich nicht ohne weiteres ein. Auf mehrfache Erkundigungen, in welcher Form und in welchem Umfang „nichtweiße" Südafrikaner denn von dem Abkommen profitierten, *„[w]ieviel farbige Studenten und Hochschullehrer [...] aufgrund dieses Kulturabkommens in der jüngsten Vergangenheit in die Bundesrepublik gekommen"* seien und ob bei ihrer Auswahl darauf geachtet werde, *„daß nicht nur Studenten in die Bundesrepublik kommen dürfen, die dem Apartheid-Regime positiv gegenüberstehen"*, musste der Pressesprecher jedoch wiederholt passen: *„Im Moment bin ich mit diesen Einzelfragen überfordert. [...] Ihre letzte Frage kann ich im Moment auch nicht beantworten.*

---

[175] Gemeinsamer Brief von „Aktionsgruppe ´Freiheit für Nelson Mandela (Südafrika)!´ e.V." und AAB an Bundesregierung und die Mitglieder des Deutschen Bundestages, Juni 1980, in: ebd; „Einleitung für die Arbeitsgruppe ´Kulturabkommen – Künstler in der Solidaritätsarbeit´" sowie „Beschlüsse, Resolutionen" der Mitgliederversammlung der AAB in Bonn, 25.-27. April 1980, in: ebd; Mitgliederrundbrief vom 9. Juli 1980, in: AAB.III.643.
[176] Pressemitteilung des VAD und „Erklärung deutscher Afrikawissenschaftler zur Krise der westlichen Südafrikapolitik" vom 25. Februar 1981, in: AAB.ARCH.12.

[...] Ich kann mir das auch nicht vorstellen, werde es aber prüfen." Der Nachfrage, ob *"der Fortbestand dieses Kulturabkommens nicht der Menschenrechtspolitik der Bundesregierung im allgemeinen"* widerspräche, begegnete Paschke mit dem Hinweis: *"Herr Fäßler, ich verstehe ihre Frage, und ich bin mir bewußt, daß in der letzten Zeit in Teilen der Öffentlichkeit das Fortbestehen des südafrikanischen Kulturabkommens mehrfach kritisiert worden ist."* Die Haltung des Auswärtigen Amtes sei aber eben, *"daß wir versuchen, die Zusammenarbeit in eine bestimmte Richtung zu lenken."* [177]

Das folgende Jahr war von der UNO-Generalversammlung zum *"Jahr der Mobilisierung von Sanktionen gegen Südafrika"* erkoren worden. Weltweit sollte der Druck gegen die Apartheid erhöht werden. Doch tatsächlich erfuhr die AAB 1982 zunehmende Schwierigkeiten, sich angesichts der akuten Fülle gesellschaftspolitischer Themen mit ihren eigenen Anliegen Gehör zu verschaffen. *"Friedensbewegung, Antifaschismus, Startbahn West, Brokdorf, Arbeitsloseninitiativen, Komitees gegen Ausländerfeindlichkeit – hat die AAB da noch Platz? Muß sie zurückstecken?"* sollte der Vorstand in seinem politischen Bericht im Rückblick auf das Jahr fragen. Auch *"was den 3.-Welt-Bereich angeht, wechselten sich 1982 in der breiten bundesdeutschen Presse Berichterstattungen [...] nahezu so ab, daß man glauben konnte, in dem vorhergehenden Bereich spiele sich fast nichts mehr ab, wenn wir im nächsten begriffen waren."* Dies führe oft genug zu Mutlosigkeit und Ernüchterung in der Solidaritätsarbeit. Auch das Kulturabkommen verschwand, abgesehen von seiner Erwähnung im Rahmen von ein paar erfolgreichen Veranstaltungen (zum Beispiel ein von der West-Berliner Lokalgruppe organisiertes Konzert des Jazz-Stars Abdullah Ibrahim, das zudem 10.000 DM für den ANC einbrachte), vorerst nahezu von der Agenda. Auch die offizielle Aufhebung der Liefersperre für Militärgüter nach Südafrika durch die USA, das Ende der sozial-liberalen Regierung in Bonn und *"[d]ie jüngsten Äußerungen der CSU-Politiker Strauß, Zimmermann und Stoiber über eine Hinwendung zu Südafrika lassen Schlimmstes befürchten. Für Gruppen und Organisationen wie die AAB ist in Zukunft ein schärferer Gegenwind zu erwarten."* Um wirksamer sein zu können, so das Fazit des Vorstandes, musste sich die AAB *"mehr als bisher auf einige wenige Schwerpunkte konzentrieren."* [178]

Spätestens im Frühjahr 1983 gewann der Protest gegen das Kulturabkommen wieder neue Dynamik. Nachdem die AAB frustriert festgestellt hatte, dass *"das UNO-*

---

[177] „Bundespressekonferenz 13.11.81" in: AAB.303.
[178] Mitgliederrundbrief vom 9. März 1983 und „Politischer Bericht des Vorstandes zur Mitgliederversammlung 6.-8.5.83 Bonn", in: AAB.III.643.

Sanktionsjahr" in der BRD „weitgehend totgeschwiegen worden" war, berieten die Aktivisten, „wie wir gemeinsam gegen die Ignoranz unserer Öffentlichkeit und Regierung [...] vorgehen können." Eine gewisse Inspiration hierzu lieferte offenbar ein ermutigender Bericht der Schwesterbewegung der AAB in den Niederlanden, deren Aktivitäten des vergangenen Jahres deutlich größeren Erfolg verzeichnet hatten. Dabei ging es mitunter um das niederländische Kulturabkommen mit Südafrika, dessen Außerkraftsetzung unterwandert werde. Im Zentrum stand eine „Stiftung Sanktionsjahr 1982" unter der Schirmherrschaft von zehn prominenten Personen. Die Niederländer erreichten laut Bericht, dass die Kirchen des Landes sich für einen Boykott aussprachen, die Gewerkschaften Unterstützung für inoffizielle Gewerkschaften in Südafrika zusagten, die Regierung unter Androhung der Streichung von Zuschüssen ihre Mahnung an Sportverbände erneuerte, Kontakte nach Südafrika abzubrechen und dass das Erziehungsministerium Informationsmaterial über die Apartheid an Schulen verschickte, welches zum Teil von der niederländischen AAB eigens erstellt worden war.[179]

Diese Erfolge in den Niederlanden wurden von den westdeutschen Aktivisten explizit als Beispiel aufgegriffen, obgleich, im Einklang mit dem Fazit des politischen Berichts des AAB-Vorstands, mit deutlich engerem Fokus. Neben der AAB beteiligten sich im Frühjahr 1983 unter anderen die Gruppen ASK, Christlicher Friedensdienst (CFD) die ESG aus Frankfurt am Main, die Projektgruppe Südafrika der Evangelischen Frauenarbeit Deutschland (EFD), MAKSA und medico international (mi), an einer Reihe von Sitzungen „zur Vorbereitung eines bundesdeutschen Komitees 'Sanktionen gegen Südafrika´." In den beteiligten Gruppen war im Vorfeld jeweils über die mögliche Gestalt und den konkreten Gegenstand des geplanten Komitees beraten worden, wobei die Gruppendelegierten auf den Vorbereitungstreffen schnell einen Konsens erzielten: Das „Komitee sollte Schwerpunkt Kulturabkommen haben, da BRD als einziges Land ein solches Kulturabkommen mit SA aufrechterhält und verteidigt und weil Prominenz wie Bernt Engelmann/VS und Eckart Spoo/dju und viele Künstler diesen Boykott schon unterstützen. Das Kulturabkommen deckt ebenso Militärisch/nukleare Zusammenarbeit ab."[180]

---

[179] „Politischer Bericht des Vorstandes zur Mitgliederversammlung 6.-8.5.83 Bonn", in: AAB.III.643; Rundbrief der AAB-Gruppe „UNO-Resolution – Sanktionen gegen Südafrika" an AAB und weitere beteiligte Gruppen vom 4. Februar 1983; „Holland und das UNO-Jahr", alle in: AAB.134.
[180] Protokoll der 3. Sitzung zur Vorbereitung eines bundesdeutschen Komitees „Sanktionen gegen Südafrika" vom 14. März 1983; Rundbrief von Hanna Habermann, EFD an die an der Organisation des Komitees beteiligten Gruppen vom 4. Februar 1983, beides in: AAB.134. In der Vorbereitungs-

Insgesamt siebzehn Prominente aus Film, Literatur, Sport und Wissenschaft stellten sich schließlich als Schirmherren zur Verfügung. Am 28. September 1983 traten sie zum ersten Mal mit einem offenen Brief an Außenminister Genscher als „Komitee für die Kündigung des Kulturabkommens Bundesrepublik Deutschland – Südafrika" an die Öffentlichkeit. Der Brief wurde offenbar nur in wenigen Zeitungen abgedruckt. Das Echo in den Medien blieb äußerst verhalten. Die Zeit etwa winkte müde ab und kam in einem knappen Kommentar zu dem Schluss, es drängten „zahlreiche Prominente, die sich diesem Komitee angeschlossen haben, den liberalen Außenminister zur Kündigung des Abkommens. Es drängen der Schriftsteller Heinrich Böll, der Professor Helmut Gollwitzer, der Fußballer Ewald Lienen, der Rockstar Udo Lindenberg, die Regisseurin Margarete von Trotta und viele andere mit Rang und Titel und Namen. Und ein namenloser Ministerialbeamter heftet ab."[181]

Anders als es die Einschätzung in diesem Artikel vermuten lässt, stieß der Appell des Komitees im Bundestag jedoch sehr wohl auf Resonanz. Der Brief war „an ca. 60 Organisationen verschickt worden (u.a. MdBs, SPD, Die Grünen, FDP, Befr.-Bewegungen, Botschaften [...])". Die Initiative der AAB selbst war zwar nicht der Auslöser für die Thematisierung der Apartheid im Parlament, fand aber zunächst Eingang in eine Bundestagsdebatte am 10. Februar 1984, die auf eine Große Anfrage der SPD-Fraktion zur Politik der Bundesregierung im südlichen Afrika vom 6. Juli des Vorjahres zurückging. Günther Verheugen, der für die SPD im Auswärtigen Ausschuss saß, griff das Kulturabkommen als Beispiel für die in seinen Augen unrealistische und deshalb fehlgeleitete Politik des „kritischen Dialogs" auf. Die Bundesregierung selbst habe erklärt, „eine grundlegende Bereitschaft der südafrikanischen Regierung zur Abkehr von ihrer Apartheidpolitik und zur Beteiligung der schwarzen Bevölkerungsmehrheit an der Macht zeichnet sich gegenwärtig leider nicht ab." Instrumente wie das Kulturabkommen müssten entsprechender Bewertung unterzogen werden. „Denn so schön, wie die Bundesregierung die Ergebnisse darstellt, sind sie nun leider nicht." Über die Opposition des ANC schweige sich die Bundesregierung dagegen völlig aus, statt den Dialog mit ihr zu suchen. Dem entsprechend sei die Beziehung zu den Befreiungsbewegungen überhaupt ein leidvolles Kapitel. „Erst

---

phase waren noch einige weitere Gruppen mit einbezogen, die sich schließlich jedoch nicht an der Trägerschaft des Komitees beteiligten.
[181] Ohne Autor, Prominente Protestieren, in: Die Zeit 41 (7.10.83), S. 2.

verweigert man ihnen Hilfe und zwingt sie, an die östlichen Türen zu klopfen, dann wirft man ihnen genau das vor."[182]

Diesen Punkt griff auch Walter Schwenninger als Redner der Grünen-Fraktion auf, der zugleich selbst als zahlendes Mitglied der AAB angehörte. Die Übertragung der Ost-West-Konfrontation auf den Konfliktherd im südlichen Afrika sei zu verurteilen. Der ANC habe zudem fünfzig Jahre lang gewaltfreien Widerstand geleistet und sei erst nach seinem Verbot vor etwa zwanzig Jahren zur Verübung von Sabotageakten übergegangen. Schwenninger zählte eine Reihe von Beispielen auf, um die Umgehung des UN-Waffenembargos durch westdeutsche Firmen sowie die Verantwortung der BRD zu veranschaulichen. An einer Konferenz eines Fraunhofer-Instituts im Vorjahr zur *„Verwendung von Kunststoffen für Treib- und Explosivstoffe"* hätten sieben Munitionsspezialisten südafrikanischer Rüstungsfirmen teilgenommen. Die Firma Rheinmetall habe eine Munitionsabfüllanlage in Südafrika installiert, Magirus-Deutz Militärfahrzeuge in Einzelteilen geliefert, Daimler-Benz eine Fabrik für das südafrikanische Militär errichtet, Siemens produziere für das selbige Elektronik, MTU liefere Motoren für Raketenschnellboote. *„Gutehoffnungshütte und Varian MAT liefern für die von der STEAG entworfene Urananreicherungsanlage entscheidende Teile. Dort wird Uran für militärische Zwecke angereichert."*[183]

Der bayerische Ministerpräsident Franz-Josef Strauß wurde von Schwenninger mit dem ironischen Lob bedacht, wenigstens ehrlicher als die Bundesregierung mit ihrer verbalen Verurteilung der Apartheid zu sein, da er einige Tage zuvor bei der Besichtigung eines BMW-Werks in Südafrika offen ausgesprochen habe, dass die Forderung nach Demokratie in Südafrika zu verwerfen sei. Als Konsequenz aus der beschriebenen Faktenlage forderten Die Grünen den Stopp aller Rüstungsexporte, Wirtschaftssanktionen, das Ende aller Bankkredite und die Kündigung des Kulturabkommens, gegen das sich inzwischen ein Komitee mit prominenter Beteiligung gebildet habe. Überhaupt stoße die Unterstützung Südafrikas durch die BRD *„immer mehr auf den Protest der Menschen in unserem Land. Sie wollen nicht mitschuldig werden an den Leiden [...]. Vor allem in den Kirchen treten immer mehr Menschen für [...]*

---

[182] „Protokoll der Sitzung des Komitees zur Kündigung des Kulturabkommens vom 27.10.83", in: AAB.134; Deutscher Bundestag, 10. Wahlperiode, 54. Sitzung, Bonn, Freitag, den 10. Februar 1984, S. 3866.
[183] Ebd., S. 3873ff. Die verantwortlichen Manager von Rheinmetall wurden im Mai 1986 zu hohen Geldbußen und Haftstrafen auf Bewährung verurteilt. Zu den Rüstungsexporten vgl. auch Abschnitt 4.3. Der Vorwurf der Urananreicherung für militärische Zwecke sollte sich ebenfalls noch als wahr herausstellen. Vgl. hierzu Abschnitt 4.2.

eine Überwindung der Apartheid ein." Zu begrüßen sei daher auch, dass sie EKD inzwischen Gespräche mit dem ANC führe. *"Die Anti-Apartheid-Bewegung, amnesty international und viele andere Solidaritätsgruppen leisten wertvolle Informationsarbeit und finanzielle Unterstützung für die Befreiungsbewegungen und Oppositionsgruppen in Südafrika."* Außenminister Genscher verteidigte die Politik der Bundesregierung anschließend unter der mehrfachen Betonung, es komme entscheidend auf einen gewaltfreien Wandel an. Wirtschaftssanktionen seien kein Mittel, um Einfluss auszuüben und würden *"vor allem die schwarze Bevölkerungsmehrheit treffen. [...] Ähnliche Überlegungen gelten übrigens auch gegenüber der Forderung, das Kulturabkommen zu kündigen."* [184]

Nur drei Tage nach der Bundestagsdebatte hielt AAB-Geschäftsführerin Ingeborg Wick einen Vortrag über das Kulturabkommen bei der UNO in New York, wo im UN-Centre against Apartheid eine Evaluation des weltweiten Kulturboykotts gegen Südafrika stattfand. Im Bundestag stellten insbesondere Die Grünen immer wieder Kleine und Große Anfragen bezüglich der Politik der Bundesregierung im südlichen Afrika. Neben Walter Schwenninger gehörten auch die Grünen Michael Vesper und Uschi Eid der AAB an. Informationen erhielten Die Grünen regelmäßig durch weitere Anhänger der AAB wie dem Stuttgarter Pfarrer Karl Schmidt und durch die issa, mit denen sie außerdem gemeinsame Veranstaltungen zum Thema ausrichteten, auf denen jeweils auch die Forderung zur Kündigung des Kulturabkommens erneuert wurde. Die AAB sammelte 1984 insgesamt 8000 Unterschriften zur Untermauerung der Forderung und gab gemeinsam mit der EFD die erwähnte Broschüre des Komitees heraus. Diverse Broschüren und Protestbriefe in der AAB-Sammlung des afas zeigen, dass kulturelle Kontakte zwischen Südafrikanern und Westdeutschen aus beliebigen Anlässen regelmäßig Widerspruch auslösten. Als der Rektor der Universität Köln zum Beispiel im Sommersemester 1983 den südafrikanischen Bildungsminister empfing, antwortete die Studentenschaft mit einer Broschüre *"Uns hat der Rektor dabei*

---

[184] Deutscher Bundestag, 10. Wahlperiode, 54. Sitzung, Bonn, Freitag, den 10. Februar 1984, S. 3875-9. Zum ursprünglichen Zustandekommen der Kontakte zwischen ANC und EKD unter Anteilnahme der AAB vgl. Abschnitt 4.2. Die Äußerung von Franz-Josef Strauß war von Bischof Desmond Tutu, dem zum Ende des selben Jahres der Friedensnobelpreis zugesprochen werden sollte, gekontert worden, dieser *"verhält sich wie ein Rassist"* und mit dem Appell bedacht: *"Macht etwas! Zeigt der Regierung hier, daß ihr dieses System nicht länger unterstützt."* Vgl. Ohne Autor, Macht etwas, in: Der Spiegel 35 (26.08.1985), S. 31f.

nicht vertreten", die auf dem Titel ein Foto dieses Besuchs mit einem Foto eines gewaltsamen Einsatzes der südafrikanischen Polizei gegenüberstellte.[185]

Die genauen Zusammenhänge zwischen der Initiierung, der Verbreitung, der Rezeption und der Wirkung der aufgeführten Beispiele für die Kritik am Kulturabkommen lassen sich auf Grundlage der verfügbaren Quellen nicht eindeutig belegen. Festgestellt werden kann immerhin, dass Die Grünen am 11. April 1985 erstmals im Bundestag den Antrag zur Kündigung des Kulturabkommens stellten, dessen zweiseitige Begründung vollständig dem Wortlaut des Aufrufs des von der AAB initiierten Komitees entspricht. Wie sich in der Debatte des Antrages am 14. Juni zeigte, hatte sich an den im Bundestag Positionen nichts Grundsätzliches verändert. Der Antrag wurde zur Abstimmung an den Auswärtigen Ausschuss überwiesen und fand dort keine Mehrheit. Drei Monate später jedoch, am 11. September, ergriff das Bundeskabinett plötzlich selbst die Initiative zu einer Änderungskündigung des Kulturabkommens. Demnach sollte das Kulturabkommen zunächst mit einer Frist von sechs Monaten gekündigt und anschließend neu verhandelt werden, unter expliziter Anwendung auf alle Bevölkerungsgruppen in Südafrika.[186]

In der Opposition wurde dieser Schritt mit Überraschung und Unverständnis aufgenommen. Sowohl die SPD als auch Die Grünen reagierten mit eigenen Anträgen auf eine sofortige und endgültige Kündigung, ohne Option auf eine Neuverhandlung. In der sich anschließenden Bundestagsdebatte am 26. September vertraten sie ihre bereits bekannten Positionen, wobei die zu Beginn dieses Abschnitts zitierte Position der Grünen im Wesentlichen jener der AAB entsprach. Der außenpolitische Sprecher der CDU/CSU-Fraktion, Hans Klein, hob in seiner Erläuterung des Regierungsantrags hervor, dass *„auch bisher schon die nicht-weiße Bevölkerung"* in das kulturelle Engagement der BRD einbezogen worden sei, dies solle künftig aber noch intensiviert und *„unzweideutig"* abgesichert werden. In der Abstimmung wurden die beiden Anträge der Opposition mit der Mehrheit der Regierungskoalition abgelehnt. Die Option auf eine Neuverhandlung nach dem geltenden Regierungsbeschluss wurde jedoch nie realisiert, so dass die BRD sich fortan nicht mehr in der Position befand, als

---

[185] Zur Rede von Wick bei der UNO vgl. AAB.133. Zu den Bundestags-Anfragen der Grünen vgl. AAB.113 und AAB.114. Zu den Grünen in der AAB vgl. AAB.154 bzw. AAB.157. Zur Unterschriftenkampagne vgl. Mitgliederrundbrief der AAB vom 20. März 1985, in: AAB.643. Broschüre „Uns hat der Rektor dabei nicht vertreten" und weitere Beispiele für Kritik an der Aufrechterhaltung von Kulturbeziehungen in AAB.303.
[186] Deutscher Bundestag, Drucksache 10/3166 vom 11.04.1985.

letzter Staat der Welt zu gelten, der ein „Kulturabkommen mit der Apartheid" unterhielt.[187]

4. Die AAB in der BRD als Bestandteil einer transnationalen Anti-Apartheid-Bewegung

„The General Assembly,

Having considered the reports of the Special Committee on Apartheid, [...]

Requests all Governments: [...] To prohibit all cultural, educational, scientific, sporting and other contacts with the racist régime and with organizations or institutions in South Africa which practice apartheid"[188]

- UNO-Generalversammlung, Resolution 3324, 16. Dezember 1974

4.1 „We wield a devastating weapon" – Anti-Apartheid als Bewegung der Bewegungen

Zur Anti-Apartheid-Bewegung als transnationalem Phänomen trug weltweit ein äußerst breites Spektrum an Akteuren bei, zusammengesetzt unter anderem aus kirchlichen Gruppen, Gewerkschaften, Parteien, einzelnen Solidaritäts- und Bewegungsorganisationen, die in ihren jeweiligen Heimatländern eigenständige soziale Bewegungen gegen die Apartheid mobilisierten. Hakan Thörn spricht deshalb vom Anti-Apartheid-Protest als einer „Bewegung der Bewegungen".[189] Trotz ihrer Mannigfaltigkeit, Heterogenität und Dezentralität lässt sich aber aufzeigen, dass es durchaus eine dauerhafte Vernetzung mit zahlreichen Kontakten und Interaktionen zwischen den diversen Akteuren auf transnationaler Ebene gab. In den folgenden Abschnitten richtet sich der Blick dem entsprechend auf diese Vernetzung am Beispiel der deutschen AAB. Zuvor jedoch soll an dieser Stelle ein – zumindest annähernder – Überblick zur weltweiten Verbreitung des Anti-Apartheid-Protests gewonnen werden. Wie viele Träger welcher Art gab es überhaupt und in welchen Ländern waren diese aktiv? In welchem Zusammenhang stand die Formierung der Bewegungen weltweit mit jenen

---

[187] Deutscher Bundestag, Drucksache 10/3868 vom 23.09.1985; Deutscher Bundestag, Drucksache 10/3870 vom 24.09.1985; Deutscher Bundestag, Drucksache 10/3878 vom 24.09.1985; Bekanntmachung über das Außerkrafttreten des deutsch-südafrikanischen Kulturabkommens vom 20. März 1986, BGBL. 1986 II, Nr. 13, S. 577. Deutscher Bundestag, 10. Wahlperiode, 159. Sitzung, Bonn, Donnerstag, den 26. September 1985, S. 11857ff.
[188] Resolution adopted by the UN General Assembly at its 2320th Plenary Meeting, 16 December 1974: Resolution 3324 (XXIX). E: Situation in South Africa, in: AAB.303.
[189] Thörn, S. 14.

aus Südafrika? Um welche Themen drehten sich ihre Aktivitäten? Welche Gemeinsamkeiten und Unterschiede zur deutschen AAB lassen sich feststellen?

Einen ersten Eindruck vom quantitativen Umfang der Bewegung bietet ein Dokumentationsprojekt der *Anti-Apartheid Movement Archives* der *Nelson Mandela Foundation* mit dem Ziel, einen näherungsweisen Überblick über weltweit verfügbare Archivbestände zur Anti-Apartheid-Bewegung zu ermitteln. Im Rahmen des Projektes wurden 397 Organisationen in 47 Ländern mit entsprechenden Archivbeständen ausfindig gemacht.[190] Laut Selbstauskunft der Internetpräsenz des Projektes lag der Schwerpunkt der Untersuchungen aus pragmatischen Gründen stark auf Westeuropa, Nordamerika und Westeuropa. Ein Blick in das Findbuch zum Archivbestand der britischen Anti-Apartheid Movement in der *Bodleian Library of Commonwealth and African Studies* der Universität Oxford liefert einen zusätzlichen Anhaltspunkt. Demzufolge verfügte die britische AAM über Beziehungen zu Solidaritätsorganisationen in 36 Ländern. Für Großbritannien selbst sind insgesamt mehr als 200 Lokalgruppen der AAM aufgelistet.[191]

Der Mobilisierung all dieser Initiativen und Gruppen gingen mehrere afrikanische Appelle an die Solidarität der restlichen, insbesondere der westlichen Welt voraus. Wie oben bereits beschrieben, setzten südafrikanische Oppositionelle bis in die 1940er Jahre hinein auf die Strategie, weiße Politiker durch den Vortrag rationaler Argumente schrittweise, *„festina lente"*, zum Zugeständnis gleicher Rechte zu bewegen. Nach dem Einspruch gegen die neue Verfassung zur Staatsgründung der Südafrikanischen Union im Jahr 1909 bemühte sich 1914 zum zweiten Mal eine Deputation schwarzer Südafrikaner in London darum, *„[t]hat the British Government encourage the South African Government to establish machinery for consultation with Native opinion."* [192]

Eine Delegation des SANNC reiste 1919 zur Friedenskonferenz nach Versailles und von dort aus weiter nach London, um eine Verfassungsrevision unter Anwendung des Selbstbestimmungsrechts der Völker nach dem 14-Punkte-Plan von US-

---

[190] Unter diesen 47 Ländern entfielen 9 auf Afrika, 9 auf Amerika, 5 auf Asien, 2 auf Australien und Ozeanien und 22 auf Europa. 117 der aufgeführten Organisationen wandten sich ihrem Namen nach unmittelbar „gegen Apartheid". 21 davon, verteilt auf alle Kontinente, bezeichneten sich als „Anti-Apartheid-Bewegung" ihres jeweiligen Landes.
[191] Vgl. http://www.nelsonmandela.org/index.php/aama/; Vgl. die Findbuch-Kapitel D bis M unter http://www.bodley.ox.ac.uk/rhl/aam/aam.html.
[192] Vgl. Abschnitt II.1. Zitiert nach Walshe, S. 50. Vgl. Ebd, S. 50f; Louw, S. 110.

Präsident Wilson einzufordern.[193] A.B. Xuma wohnte als ANC-Präsident 1946 der ersten Sitzung der Generalversammlung der Vereinten Nationen bei, an deren Rande es ihm mit Hilfe des liberalen südafrikanischen Abgeordneten Basner gelang, mit den Delegierten einiger Nationen in Kontakt zu treten.[194] Im Jahr 1955 verabschiedeten Vertreter von ANC und SAIC auf der ersten Konferenz der „blockfreien" Staaten in Bandung einen gemeinsamen Appell im Namen aller unterdrückten Südafrikaner, in dem sie die Regierungen der Welt zur Solidarität aufriefen: *„We are convinced and confident that the Government of South Africa could be forced to reconsider its reactionary and inhuman policy if all the nations who do not approve of policies and practices of racial oppression and discrimination, particularly the Governments of the United States and Britain, would boldly take a firm stand against such practices."*[195]

Im Dezember 1958 konnte die südafrikanische Regierung zwar die Teilnahme von ANC-Vertretern an der ersten *All African Peoples' Conference* in Accra, Ghana, verhindern, nicht jedoch den ersten konkreten Aufruf zu Sanktionen auf internationer diplomatischer Ebene. Die neun Teilnehmerländer der Konferenz forderten alle unabhängigen afrikanischen Staaten auf, südafrikanische Güter zu boykottieren und Arbeitsmigration nach Südafrika zu unterbinden. An die Vereinten Nationen appellierten sie, *„to reconstitute the Committee on the Racial Situation in the Union of South Africa".*[196] Der ANC erklärte in der Folge wiederholt selbst, dass er internationale Boykotte für eine wichtige und notwendige Waffe halte, selbst wenn er zuerst schwarzen Afrikanern ökonomisch schade. Besonderes Gehör fand die erste solche Erklärung durch ANC-Präsident Albert Luthuli im Dezember 1959: *„If this boycott makes the South African authorities realise that the world outside will actively oppose apartheid it will have struck that blow for freedom and justice in our country."*[197]

---

[193] In Versailles wurde die Delegation nicht offiziell zugelassen und erreichte lediglich eine Zusage zu Gesprächen mit dem britischen Premierminister David Lloyd George, die am 21. November 1919 in London stattfanden. Lloyd George schrieb daraufhin im März 1920 zwei Briefe an seinen südafrikanischen Amtskollegen General Smuts, in denen er sich auf die Gespräche mit den SANNC-Delegierten bezog und dazu aufrief, ihre Anliegen ernst zu nehmen und Lösungen für Missstände zu finden.
[194] Vgl. Grobler, S. 42-49, S. 81f. Walshe, S. 61-66; Benson, S. 138ff.
[195] Zitiert nach Houston, Gregory, International Solidarity: Introduction, in: South African Democracy Education Trust (Hg.), The Road to Democracy in South Africa, Vol.3. International Solidarity, New York 2008, S. 4.
[196] Vgl. Eriksen, Tore Linné, The Origins of a Special Relationship: Norway and Southern Africa 1960–1975, in: Ders. (Hg.), Norway and National Liberation in Southern Africa, Stockholm 2000, S. 23; Ohne Autorenangabe, Handelsboykott. Der Slum-Pater, in: Der Spiegel 37 (09.09.1959), S.54f; All African Peoples' Conference, Accra, December 5-13, 1958, Resolution on Racialism and Discriminatory Laws and Practices. Abrufbar unter: http://v1.sahistory.org.za/pages//library-resources/officialdocs/resolution-racialism.htm
[197] Zitat aus Luthuli, Albert, Statement by Albert Lutuli (Jointly with Dr. G.M. Naicker and Peter Brown) appealing to the British People to Boycott South Africa vom 5. Dezember 1959. Abrufbar unter:

Die UNO-Generalversammlung entsprach den Forderungen von Accra schließlich, indem sie am 6. November 1962 in der Resolution 1761 selbst die Apartheid ausdrücklich verurteilte, eine Einstellung der Diplomatie- und Handelsbeziehungen mit der Republik Südafrika empfahl und das *UN-Special Committee on Apartheid* (später: „United Nations Special Committee Against Apartheid") einsetzte, das in der Folge selbst zu einem integralen Bestandteil der Anti-Apartheid-Bewegung werden sollte.[198]

Diese und andere Beispiele für Lobbyarbeit bei internationalen Institutionen und Konferenzen sowie die Verabschiedung von Solidaritätsappellen zeugen von den weit verzweigten Kontakten und der weltweiten Präsenz der südafrikanischen Anti-Apartheid-Bewegung. Ihre Auslandsaktivitäten erschöpften sich dabei nicht in Aufrufen. Die Zahl der Auslandsbüros des ANC, die dauerhaft mit offiziellen Repräsentanten besetzt waren, erhöhte sich von neun in den sechziger Jahren auf zwanzig im Jahr 1980 und auf über vierzig Standorte gegen Ende der achtziger Jahre. Vertreter des ANC mobilisierten finanzielle Ressourcen, warben für die internationale Isolierung Südafrikas und beteiligten sich an Solidaritätskonferenzen. Die offizielle ANC-Zeitung *Sechaba* fand dabei internationale Verbreitung und trug dazu bei, über die Situation in Südafrika aufzuklären.[199]

Die Idee der Herbeiführung eines möglichst umfassenden internationalen Boykotts Südafrikas war der Ausgangspunkt, der weltweit zur Initiierung von Anti-Apartheid-Bewegungen führte. Diese Idee ging unmittelbar zurück auf die Erfolge, die in den fünfziger Jahren bereits mittels einer Reihe von Boykottaktionen in Südafrika selbst erzielt worden waren.[200] Innerhalb Südafrikas wiederum besaß diese Protestform

---

http://www.anc.org.za/show.php?id=4713 Vgl. Luthuli, Albert, Let My People Go. An Autobiography, London 1963[5], S. 210, 219f.

[198] Die meisten westlichen Regierungen boykottierten das UN-Special Committee on Apartheid, das dafür umso intensiver mit den Solidaritätsbewegungen in den jeweiligen Ländern zusammenarbeitete. Vgl. Houston, S. 20; Vgl. Resolutions adopted by the General Assembly at its 17th session: Resolution 1761 (XVII). The policies of *apartheid* of the Government of the Republic of South Africa. Abrufbar unter http://daccess-dds-ny.un.org/doc/RESOLUTION/GEN/NR0/192/69/IMG/NR019269.pdf?OpenElement Reddy, Enuga Sreenivasulu, AAM and UN: Partners in the International Campaign against Apartheid, in: Anti-Apartheid Movement Archives Committee (Hg.), Report of the Symposium: The Anti-apartheid Movement - A 40-year Perspective, London 2000, S. 23ff; Ohne Autorenangabe, South Africa: Beating the Ban, in: Time Magazine U.S., 12. Juni 1964.

[199] Es ließen sich noch viele weitere Beispiele dafür anführen, dass schwarze Südafrikaner bereits früh die Initiative ergriffen, um weltweit Kontakte zu knüpfen und Zugang zu internationalen Foren zu erlangen. Vgl. Houston, S. 17-20.

[200] Beispiele hierfür sind etwa Bus-Boykotte in Evaton und Alexandra im Jahr 1957, mittels derer die Rückgängigmachung von Fahrpreiserhöhungen erzwungen wurden oder ein Kartoffelboykott zwei

eine lange Tradition, die sich bis auf ihre erste Anwendung durch die indischstämmige Bevölkerung Südafrikas unter der Führung von Mohandas Gandhi zu Beginn des zwanzigsten Jahrhunderts zurückverfolgen lässt.[201] Der Boykott von Waren oder öffentlichen Diensten wies gegenüber vielen anderen Protestformen den entscheidenden Vorteil auf, dass er sich vom Staat nicht einfach illegalisieren ließ. So befand ein „Economic Boycott Committee" des ANC im Mai 1959 in einem Einschätzungsbericht: *„The economic boycott has unlimited potentialities. When our local purchasing power is combined with that of sympathetic organizations overseas we wield a devastating weapon."* [202]

Im Sommer 1959 begannen Aktivisten damit, in Großbritannien die so genannte *„Boycott Movement"* ins Leben zu rufen. Neben südafrikanischen Exilanten spielten dabei, genau wie auch fünfzehn Jahre später in der BRD, Priester, die zuvor in Südafrika als Missionare gewirkt hatten, eine entscheidende Rolle. Der Nährboden für den Boykott und die daraus erwachsende Bewegung war bereits in Gestalt der Zusammenschlüsse bereitet, die sich in Reaktion auf die Defiance Campaign, die Erklärung der Freedom Charter und die damit verbundenen, langjährigen Hochverratsprozesse in Südafrika gebildet hatten. Dazu zählten insbesondere IDAF, das *„Africa Bureau"*, die *„Movement for Colonial Freedom (MCF)"* und das *„Committee of African Organisations (CAO)"*.[203]

An den Vorsitzenden des CAO, Aka Bashorun, wandte sich der damalige ANC-Repräsentant in London, Tennyson Makiwane[204], und bat mit Verweis auf den Boykottaufruf von Accra um Unterstützung zur Organisation eines Warenboykotts in

---

Jahre später gegen den unbezahlten Zwangseinsatz von Strafgefangenen bei der Ernte oder Vgl. Lodge (1983), S. 153-87; Fieldhouse, S. 5.
[201] Andrews, Charles F., Mahatma Gandhi. Mein Leben, Frankfurt am Main 1983 (Übers. aus d. Engl. Hans Reisiger; Originalausgabe: Mahatma Gandhi. His own Story, London 1930), S. 147-78.
[202] Zitiert nach Karis, Thomas; Gerhart, Gail M. (Hgg.), From Protest to Challenge. A Documentary History of African Politics in South Africa 1882-1964, Vol. 3, Challenge and Violence 1953-1964, Stanford 1977, S. 472.
[203] Vgl. auch Abschnitt II.2; IDAF sammelte Spenden zur Unterstützung der Angeklagten im Hochverratsprozess von 1956-61; Das Africa Bureau war 1952 vom Anglikanerpater Michael Scott gegründet worden, um in GB eine Öffentlichkeitskampagne gegen die Einverleibung Namibias durch die Südafrikanische Union zu führen; Die MCF entstand aus einer Initiative von Gewerkschaftsvertretern und Labour-Politikern, die sich gegen die Linie der von ihrer eigenen Partei gestellten Regierung wandten, die den Status Quo der britischen Kolonien erhalten wollte; Das CAO fungierte als eine Art Dachverband afrikanischer Organisationen in London. Es setzte sich öffentlich für die Unabhängigkeitsbewegungen Afrikas ein und organisierte dazu Ende der fünfziger Jahre über dreihundert Protest-Demonstrationen aus diversen Anlässen. Vgl. Fieldhouse, S. 4-24; Ohne Autorenangabe, Handelsboykott. Der Slum-Pater, in: Der Spiegel 37 (09.09.1959), S.54f;
[204] Makiwane gehörte zu den 156 Angeklagten im Hochverratsprozess nach der Erklärung der Freedom Charter und ging nach seinem Freispruch im Jahr 1959 ins Exil nach London. Tennyson Makiwane wurde im Jahr 1980 ermordet.

Großbritannien. Das CAO verteilte daraufhin 100.000 Flugblätter mit einem Boykottaufruf und veranstaltete am 24. Juni eine entsprechende Pressekonferenz sowie eine 24-stündige Mahnwache vor dem südafrikanischen Hochkommissariat. Am 26. Juni, dem 1950 vom ANC ernannten, jährlich zu begehenden South Africa Freedom Day, versammelten sich über 500 Vertreter der oben genannten und weiterer Organisationen im Stadtteil Camden, um den offiziellen Startschuss des zunächst als Kampagne geplanten Boykotts zu begehen. Zu den Sprechern gehörte unter anderen der designierte tansanische Präsident Julius Nyerere, der betonte: *„We are not asking you, the British people, for anything special. We are just asking you to withdraw your support from apartheid by not buying South African goods."* Kurze Zeit nach der Initiierung der Boycott Movement geschah das Massaker in Sharpeville am 21. März 1960, welches die Aktivisten in Großbritannien wenige Tage später, am 30. März, zum Anlass nahmen, den Namen offiziell in *„Anti-Apartheid Movement"* zu ändern.[205]

4.2 *„Dear Comrade Ingeborg"* – Zusammenarbeit mit den Befreiungsbewegungen

Die AAB pflegte über die gesamte Dauer ihres Bestehens hinweg ihre Kontakte und ihre Kooperation mit den verschiedenen Widerstandsorganisationen des südlichen Afrika. Dazu zählte an erster Stelle der ANC, neben ihm auch der PAC, die namibische SWAPO sowie ZANU und ZAPU aus Simbabwe, die Gewerkschaftsorganisationen COSATU und BAWU aus Südafrika und einige Weitere. Da es aus Sicht der Exilanten wesentlich war, sich zur Verfolgung ihrer politischen Ziele Verbündete in ihren Gastländern zu suchen, ging die Initiative zur Zusammenarbeit keineswegs immer von der AAB aus. Im Jahr 1982 etwa war es die SWAPO, welche die AAB zunächst schriftlich darüber in Kenntnis setzte, dass sie dabei sei, in Bonn ein ständiges Büro unter Leitung ihres Repräsentanten Nghidimondjila Shoombe einzurichten. Der ANC fasste die internationale Solidaritätsarbeit gar als eine der „vier Säulen" im Kampf gegen die Apartheid auf.[206]

---

[205] Fieldhouse, S. 8ff; Marks, Shula, Introduction, in: Anti-Apartheid Movement Archives Committee (Hg.), Report of the Symposium: The Anti-apartheid Movement - A 40-year Perspective, London 2000, S. 3; Zitat nach Minty, Abdul, The Anti-Apartheid Movement. What Kind of History? in: Ebd. S. 7ff.
[206] Brief von Nghidimondjila Shoombe an AAB vom 13. November 1982, in: AAB.69. Vgl. Bacia, S. 164ff; Schleicher, Hans-Georg, Südafrikas neue Elite: Die Prägung der ANC-Führung durch das Exil, Hamburg 2004, S. 192ff. Die drei anderen „Säulen" des ANC waren die Massenmobilisierung innerhalb Südafrikas, bewaffnete Operationen und die Pflege der „Untergrundstrukturen" der Organisation. Vgl. Fieldhouse, S. 270ff.

Die ersten Kontakte zur SWAPO wie auch zum ANC waren bereits 1974 im Vorfeld bzw. während der Konstituierung der AAB etabliert worden. So hatte Markus Braun bereits am 9. Februar des Jahres eine Einladung des Londoner ANC-Vertreters Reginald September erhalten, welche er dankend annahm, seinerseits eine Einladung nach Deutschland aussprach und September darum bat, ihn bei dieser Gelegenheit auch gleich Vertretern der britischen AAM vorzustellen, *„to get to know them personally and find out about their experiences and problems, so that we in Germany could learn from them."* In der ersten Aprilwoche fand daraufhin in London ein Treffen statt, aus dem eine rege Zusammenarbeit und dauerhafter Schriftverkehr erwuchsen. Man betrachtete sich untereinander fortan als Genossen im Kampf gegen die Apartheid und gewöhnte sich entsprechend an die Bezeichnung *„Comrade"* als übliche gegenseitige Anrede.[207]

Einen zentralen Gegenstand der frühen Kooperation mit dem ANC stellte die militärisch-nukleare Zusammenarbeit zwischen der BRD und Südafrika dar, die für die AAB ohnehin ein Schwerpunktthema war, nachdem die staatliche Essener Steinkohlen Elektrizität AG (STEAG) im April 1974 mit der Uranium Enrichment Corporation of South Africa (UCOR) einen Vertrag über den Bau einer Urananreicherungsanlage in Pelindaba, Namibia geschlossen hatte. Neben dem Profitinteresse der STEAG, welche die weltweiten Nutzungsrechte für das so genannte Trenndüsenverfahren zur Urananreicherung besaß, bestand auch ein energiepolitisches Interesse der Bundesregierung, da Südafrika damals vierzig Prozent des westdeutschen Bedarfs an Natururan bediente. Die Republik Südafrika wiederum traf im selben Jahr die Entscheidung zum Bau von sieben Atombomben, wie Präsident De Klerk schließlich am 24. März 1993 auf einer Pressekonferenz bestätigen sollte, nachdem dies zuvor fast zwanzig Jahre lang geleugnet worden war.[208]

Die AAB protestierte zunächst auf Flugblättern, in öffentlichen Vorträgen und in einem offenen Brief an Bundeskanzler Helmut Schmidt gegen die Kooperation mit Südafrika im Bereich Nukleartechnik, die ihrer Ansicht nach *„dem rassistischen Regime zur Herstellung von Atombomben"* verhelfen könnte. Obwohl die Bundesregie-

---

[207] AAB.311. Zitat aus Brief von Markus Braun an Mr. Reg September vom 25. Februar 1974, in: Ebd. Vgl. auch Bacia, S. 149 sowie die in der AAB-Sammlung im afas vorliegende Korrespondenz.
[208] Sechs von sieben geplanten Atombomben wurden tatsächlich gebaut und laut De Klerks Aussage nach seinem Regierungsantritt im Jahr 1989 zerstört. Vgl. Beresford, David, De Klerk admits to nuclear past, in: Guardian (25.03.1993), S.1; Becker, Kurt, Heiße Ware: Kernreaktoren. Der Exporteur Bundesrepublik im Kreuzfeuer, in: Die Zeit (10. Oktober 1975); Bacia, S. 56-79. Da die Südafrikaner die Hälfte dieses Urans in Namibia ausbeuteten, profitierte die BRD somit gleichsam vom Bruch des Dekrets Nr.1 der UN-Vollversammlung zum Schutz der namibischen Bodenschätze vor unrechtmäßigem Zugriff. Vgl. Bacia, S. 343.

rung eine Zusammenarbeit mit Südafrika auf militärischem und nuklearem Gebiet wiederholt dementierte, gelang es AAB und ANC im Herbst 1975 gemeinsam, auf der Grundlage von aus der südafrikanischen Botschaft entwendeten Dokumenten zu beweisen, dass diese sehr wohl Bestand hatte.[209]

Im September präsentierte die AAB zunächst auf einer Pressekonferenz eine vom ANC herausgegebene Publikation mit dem Titel „The Nuclear Conspiracy", die Berichte in fast allen großen deutschen Tages- und Wochenzeitungen nach sich zog. Auch in ausländischen Medien wurde darüber berichtet. Demnach bildete zum Beispiel die staatliche Gesellschaft für Kernforschung (GfK) in Karlsruhe seit Jahren südafrikanische Wissenschaftler aus und es fand eine Reihe von Besuchen deutscher Beamter und Funktionäre in Südafrika statt, wie etwa jener des Staatssekretärs im Bundesforschungsministerium Haunschild, der an den Verhandlungen über die Urananreicherungsanlage in Pelindaba teilgenommen hatte. Die Beteiligten waren dabei jeweils darauf bedacht, die Öffentlichkeit nichts von ihren Aktivitäten erfahren zu lassen.[210]

Der *Stern* druckte einige der gestohlenen Dokumente, aus denen unter anderem hervorging, dass der deutsche Vertreter im NATO-Militärausschuss, der Inspekteur der Bundesluftwaffe Günther Rall, im Oktober 1974 auf südafrikanische Kosten und unter falschem Namen auf einer als privat ausgegebenen Reise das Atomzentrum in Pelindaba besichtigte hatte. Der südafrikanische Botschafter in der BRD, Donald Sole, hatte dem südafrikanischen Verteidigungsminister vorher mitgeteilt: *„Rall würde dankbar sein, wenn alle Anstrengungen unternommen würden, dass sein Besuch nicht die geringste öffentliche Aufmerksamkeit erregt. Er ist nach außen hin auf Privatbesuch. [...] Dem deutschen Minister der Verteidigung, Herrn Leber, ist jedoch klar, daß es sich um mehr handelt als dies."* Am 1. Oktober 1975 übernahm Rall die politische Verantwortung und trat zurück.[211]

Für den 8. Oktober lud die AAB zu einer weiteren Pressekonferenz ein, dieses Mal im Bundespressehaus und unter Leitung des ANC Information Officer M.P. Naicker aus London, der nun eine deutsche Fassung der Publikation vorlegte, ergänzt durch weitere Dokumente, die zum Beispiel die Beteiligung der Bundeswehr bei der Aus-

---

[209] Die Dokumente waren der südafrikanischen Botschaft offenbar während ihres Umzugs von Köln nach Bonn abhanden gekommen. Im Januar 1976 leitete die Staatsanwaltschaft Bonn in dieser Angelegenheit Ermittlungen gegen den 2. Vorsitzenden der AAB Wolff Geisler ein, die jedoch letztlich ergebnislos blieben. Vgl. Bacia, S. 63.
[210] Zitat nach Flugblatt „Rassistisch angereichertes Uran aus Südafrika für die Bundesrepublik?", abgebildet in Bacia, S. 58. Vgl. Ders., S. 62ff.
[211] Ebd. Zitat nach Bacia, S. 67.

fuhr von Nukleartechnik nach Südafrika belegten. Wiederum berichteten *Spiegel, Stern, Zeit* und weitere Printmedien. Die Vorwürfe hielten sich so beharrlich, dass die Bundesregierung, vertreten durch den Staatsminister Klaus von Dohnanyi noch im August 1977 auf einer „World Conference for Action Against Apartheid" in Lagos, Nigeria, an der hunderte Diplomaten aus aller Welt teilnahmen, den Verlust ihrer Glaubwürdigkeit spürte. Die *FAZ* gewann den Eindruck, es sei „*kein problemfreier Ausflug*" gewesen und „*dass bei einem Teil der beteiligten Länder der Verdacht bestehen blieb, die Zusammenarbeit zwischen der Bundesrepublik und Südafrika gehe über das hinaus, was offen zugegeben werde.*" [212]

Auf Grund der räumlichen Nähe spielten sich die weiteren Kontakte vor allem, aber nicht ausschließlich, zwischen den jeweiligen Geschäftsstellen der AAB in Bonn und des ANC in London bzw. ab 1980 ebenfalls in Bonn ab. Die AAB organisierte Rundreisen für Vertreter der Widerstandsorganisationen, auf denen diese als Redner bei Veranstaltungen auftraten und Kontakte zu Parlamentariern und Nichtregierungsorganisationen herstellten. Geschäftsführerin Ingeborg Wick reiste 1977 nach Tansania, um von dortigen Vertretern des ANC Informationen aus erster Hand über die Situation in Südafrika zu erhalten. Dabei fertigte sie unter anderem mehrere Interviews an, welche im Rahmen einer von der AAB gemeinsam mit kirchlichen Jugendorganisationen veranstalteten bundesweiten „Namibia-Woche" veröffentlicht wurden. Die während ihres Besuchs geknüpften Kontakte nutzte sie anschließend, um für ein Mitglied der AAB-Lokalgruppe München ein weiteres Informationstreffen Ende Oktober mit dem ANC in Dar-es-Salaam vorzubereiten. Vertreter des PAC aus Dar-es-Salaam wiederum besuchten im selben Monat auf Einladung des Kommunistischen Bundes Westdeutschland (KBW) die BRD. Dabei kam es auch zu einem mehrstündigen Treffen in der Bonner Geschäftsstelle der AAB, während dessen sich die Besucher darüber beschwerten, dass die AAB den ANC gegenüber dem PAC offenbar bevorzuge, woraufhin ein regelmäßiger Informationsaustausch zwischen beiden Gruppen vereinbart wurde.[213]

Die intensivste Zusammenarbeit entfaltete sich aber in der Tat auch weiterhin mit dem ANC, dem die AAB zunächst dabei half, seinen bereits bestehenden westeuropäischen Vertretungen in London und Stockholm ein weiteres Büro in Bonn hinzuzu-

---

[212] Zitat nach Bacia, S. 74; Vgl. Ders., S. 64ff.
[213] Brief von Ingeborg Wick an ANC Daressalaam vom 14. Oktober 1977, in: AAB.312; Bacia, S. 176f; S. 191ff.

fügen.[214] Im Oktober 1980 schickte AAB-Geschäftsführerin Ingeborg Wick dem künftigen Repräsentanten des ANC in der BRD, Tony Seedat, eine detaillierte Aufstellung mit den im Einzelnen zu erwartenden Kosten sowohl für die Einrichtung als auch die Unterhaltung einer solchen Zweigstelle inklusive Gebrauchtfahrzeug und Kommunikationsmittel in Bonn. Darüber hinaus versorgte sie ihn mit einer achtzehnseitigen Bestandsaufnahme zur politischen Situation in der BRD, der diversen im politischen Feld vertretenen Akteure sowie ihrer Haltungen und Aktivitäten bezüglich der Apartheid. Darin enthalten waren ein Überblick zu den wirtschaftlichen, militärischen und kulturellen Beziehungen zwischen der BRD und Südafrika, die Namen prominenter Apartheidgegner und -befürworter im Bundestag mit entsprechenden Zitaten sowie die knappe Zusammenfassung bisheriger Aktivitäten von Solidaritätsgruppen, Parteien, Kirchen, Stiftungen und explizit apartheidfreundlichen Organisationen. Herausgestellt wurde darin unter anderem die Aufforderung der sozial-liberalen Bundesregierung durch den SPD-Bundesparteitag vom Dezember 1979, *„die südafrikanischen Befreiungsbewegungen [...] als Sprecher ihrer Völker anzuerkennen, wie es in OAU und UNO-Beschlüssen gefordert wird."*[215]

Dieses Anliegen, ihre Anerkennung bei der Bundesregierung zu erreichen, betrieben die „Befreiungsbewegungen" durchaus auch selbst. Einige konkrete Schritte hierzu veranschaulichen, wie eine Reihe von Beteiligten grenzüberschreitend Kontakte einfädelten und miteinander interagierten, zeigen im Ergebnis aber auch umso deutlicher, wie groß die Vorbehalte zentraler gesellschaftlicher Akteure wie der EKD gegenüber dem Widerstand gegen die Apartheid waren. So hatte der South African Council of Churches (SACC) bereits 1978 bei der EKD angefragt, *„why in the FRG there were so many obstacles against an efficient struggle against Apartheid."* Mitglieder der „Evangelischen Kommission für das südliche Afrika" griffen diese Anfrage offenbar auf und wirkten beim Rat der EKD darauf hin, Vertreter von BCM, PAC und ANC zu Gesprächen einzuladen. Während die Kirche zu offiziellen Gesprächen nicht bereit war, resultierte daraus immerhin die Einrichtung einer *„Dialog-Gruppe"* mit ausdrücklich inoffiziellem Status und dem erklärten Zweck, *„to study the ideologies of*

---

[214] Eine weitere Vertretung des ANC für die „Benelux"-Staaten wurde im selben Jahr in Brüssel eingerichtet. In Deutschland gab es bereits zuvor eine ständige Vertretung in Ost-Berlin, da die DDR den ANC als legitimen Vertreter des südafrikanischen Volkes anerkannte. Vgl. Bosgra, Sietse, From Jan van Riebeeck to Solidarity with the Struggle: The Netherlands, South Africa and Apartheid, in: South African Democracy Education Trust (Hg.), S.31; Schleicher, Hans-Georg, The German Democratic Republic and the South African Liberation Struggle, in: Ebd., S. 1068ff.
[215] Brief von Ingeborg Wick an ANC (SA) Attn. Mr. Tony Seedat vom 3. Oktober 1980, in: AAB.312 „ANC Büro Bonn"; Stichworte zur Südafrika/Namibia-Politik der BRD (Wick für Tony), in: Ebd.

the S.A. Liberation movements". Als Koordinator der Gruppe fungierte der Leiter der Abteilung „Afrika südlich der Sahara" im Kirchlichen Außenamt, Dr. Werner Hoerschelmann, der zugleich den Auftrag erhielt, dem Rat der EKD über die Ergebnisse Bericht zu erstatten.[216]

Im Fall des ANC bestanden bereits Kontakte zum Theologiestudenten Vusi Tshabalala, dem Präsidenten der „ANC Students Union in the Federal Republic of Germany".[217] Tshabalala stand sowohl mit der AAB in Bonn und dem Antiimperialistischen Solidaritätskomitee in Frankfurt am Main in Verbindung, als auch mit der ANC-Zentrale in London, zu der er für die Dialog-Gruppe telefonischen Kontakt aufnahm. Am 17. und 18. November 1980 trafen sich daraufhin 23 Kirchenvertreter im Kirchlichen Außenamt in Frankfurt am Main mit dem ANC-Präsidenten Oliver Tambo aus London, dem Bonner ANC-Vertreter Tony Seedat, Vusi Tshabalala und zwei weiteren ANC-Delegierten zu Gesprächen. Seine eigene Einladung empfand Tshabalala dabei als unangemessen, da somit offenbar dem Rang von O.R. Tambo als dem eigentlich legitimen Vertreter seines Volkes nicht Genüge getan wurde, nahm sie aber dennoch an: *„This only shows how mixed-up these people are organizationally. To take our President on the same path with students."*[218]

Auch Oliver Tambo zeigte sich irritiert und kritisierte laut Protokoll eingangs, *„dass es sich hier um eine Studiengruppe und nicht um eine Versammlung von Kirchenführern handelt."* In seinem anschließenden Vortrag betonte er unter Verweis auf die Freedom Charter, dass es dem ANC *„nicht um schwarze Mehrheitsherrschaft, sondern um Mehrheitsherrschaft schlechthin"* gehe und distanzierte sich von der Einschätzung des ANC als kommunistisch. Die Haupthindernisse im Befreiungskampf seien Missverständnisse über die Rolle des Ostblocks und Profitinteressen multinationaler Firmen. Tatsache sei nun einmal, dass *„die sozialistischen Länder den Befreiungskampf gegen Südafrika unterstützten"*, während westliche Staaten sich zögerlich zeigten. *„Die grundsätzliche Gefährdung des status quo in Südafrika bedeute eine Gefährdung der multinationalen Großindustrie, von deren Gewinnen auch Kirchen*

---

[216] Vgl. What is the Dialog-Gruppe Südafrika (Dialogue group South Africa)?, in: AAB.312; Handschriftliche Aufzeichnungen von Vusi Tshabalala, in: Ebd. Vgl. Hermann. S. 252-67.
[217] In dieser Form war der ANC bereits vor Einrichtung seines Bonner Büros in der BRD präsent. Die Gesamtdauer ihres Bestehens ließ sich im Rahmen der vorliegenden Arbeit nicht ermitteln. Die vorliegende Korrespondenz zwischen ANC Students Union und AAB erstreckt sich über die Zeit von Septmeber 1980 bis Februar 1993.
[218] Vertreter von BCM und PAC waren bereits im Juni bzw. im September zu Gesprächen empfangen worden. Vgl. ebd. sowie Protokoll der 4. Sitzung der Südafrika-Dialoggruppe am 17./18. November 1980 in Frankfurt, in: AAB.312.

und Christen profitieren. [...] Deshalb schmerze den ANC auch die Feigheit und Unterwürfigkeit der Kirche." [219]
Auf die Nachfrage hin, was die westliche Gesellschaft und die Kirchen tun sollten, appellierte Tambo, *" [s]ie sollten beitragen zur wirtschaftlichen, kulturellen und militärischen Isolation der Südafrikanischen Regierung."* Kirchen und Gewerkschaften sollten gemeinsam gesellschaftlichen und öffentlichen Druck ausüben. *"Daneben sollten alle Kräfte der Opposition in Südafrika selbst Unterstützung vom Ausland erhalten."* Besonders die Regierungen der skandinavischen Länder und inzwischen auch der Niederlande unterstützten den ANC bereits. In England bestünden enge Verbindungen zu Labour Party und Gewerkschaften, während sich die Unterstützung in der BRD bisher auf einzelne Aktionsgruppen beschränke. Allerdings werde in Bonn gerade eine eigene ANC-Vertretung eingerichtet. *"Die Zunahme des Handels zwischen der Bundesrepublik Deutschland und der Republik Südafrika wird als besonders schmerzlich empfunden. Von den Kirchen wird erwartet, dass sie sich mit allen ihnen zur Verfügung stehenden Mitteln gegen diese Art der Förderung des Apartheidsystems stellen."* Mit Bekundungen gegenseitigen Respekts wurden die Gespräche beschlossen.[220]

Eine Nachricht über die Wirkung der Gespräche innerhalb der EKD erreichte den ANC einige Monate später, am 19. Februar 1981, in Gestalt der englischen Übersetzung einer Meldung des *epd*. Darin hieß es, der Rat der EKD habe sich mit dem Bericht über das Treffen befasst, *"in which, [...] the question of the establishment of contact with the South African liberation organization 'African National Congress' (ANC) was raised. The Council received this report without being able to form a final opinion."* [221] Der Kommentar unter einer Meldung vom *Informationsdienst der Evangelischen Allianz* mit dem Titel *"Bereitet evangelische Kirche Anerkennung einer sozialistischen Bewegung vor?"* vom 9. Februar des Jahres macht deutlich, wie groß die Vorbehalte in Teilen der EKD weiterhin waren. Die *"umstrittenen – da gewaltanwendenden – Befreiungsbewegungen"* aus *"ehemaligen Buschkriegern"* sollten *"hoffähig gemacht werden [...], um dann vielleicht von der deutschen Bundesregierung [...] anerkannt zu werden. [...] In einem von der Kirche fast unkontrollierten Freiraum lassen sich solcherlei revolutionäre Träumereien natürlich unbehelligt träumen."* So-

---

[219] Ebd.
[220] Ebd.
[221] Translation. (Excerpt of a news item on the latest meeting of the Council of the Evangelical Church in Germany – EKD, 13th/14th February 1981), in: AAB.312.

wohl den Mitgliedern des ANC als auch der Dialoggruppe sei jedoch gemein: *„sie kranken am gleichen Phänomen: Wirklichkeitsverlust."* Jeder wisse, *„will man in Südafrika von kirchlicher Seite her etwas bei der Regierung verändern"*, müsse man vor allem auch das Gespräch mit der burischen Nederduitse Gereformeerde Kerk suchen.[222]

Der größte Teil der weiteren Kommunikation zwischen ANC und AAB spielte sich auf Ebene der Geschäftsführungen ab, war jedoch nicht auf diese beschränkt. Im ersten Rundbrief auf ANC-Briefbogen mit aufgedrucktem Speer und eigenem Bonner ANC-Briefkopf an die AAB-Lokalgruppen vom 15. November 1981 zum Beispiel bewirbt Tony Seedat den Start eines monatlichen *„news bulletin"* des ANC, verbunden mit der Bitte um dessen möglichst weite Verbreitung in Solidaritätsgruppen, Kirchen und Gewerkschaften: *„I feel optimistic that with a bit of hard work, solidarity and good will our newe [sic] bulletin will become a regular feature in the West German political scene."* Des Weiteren fügte er dem Schreiben eine Liste mit über den ANC erhältlichen Gegenständen bei, darunter Poster, T-Shirts, Taschen und Aufkleber des ANC, aber auch Speere, Holzschmuck, Zebrafelle und Edelholzskulpturen, deren Verkauf über die Lokalgruppen das Budget des ANC aufstocken sollte.[223]

Die Zusammenarbeit setzte sich fort bis zum Ende der Apartheid. Tony Seedat trat regelmäßig als Redner auf Mitgliederversammlungen und anderen Veranstaltungen der AAB auf und gab in Rundbriefen Impulse für den alltäglichen Aktivismus der AAB. In einem Schreiben von 1983 etwa lobt er die bisherigen Erfolge der AAB und benennt fünf konkrete Eckpunkte für die weitere Zusammenarbeit zwischen AAB und ANC im kommenden Jahr: 1. Materielle Hilfe in Form einer Spendenkampagne, eines Benefizkonzertes und Weihnachtsbasaren 2. Öffentliche Proteste gegen Südafrikas politische Morde und Invasionen in seinen Nachbarstaaten 3. Die Gründung eines Komitees zur Freilassung politischer Gefangener 4. Die massenhafte Ausweitung bisheriger Proteste auf die breite Bevölkerung in der BRD 5. Personelle Unterstützung durch Freiwillige für das ANC-Büro in Bonn.[224]

Tony Seedat blieb bis 1989 Repräsentant des ANC in der BRD. Am 25. August 1989 erhielt die AAB offizielle Mitteilung vom ANC Assistant Secretary General H.G.

---

[222] Matthies, Helmut, Das Südafrika-Syndrom – In der EKD tut sich Brisantes in Sachen Südafrika, in: idea 10/11 (9. Februar 1981), S. VI f.
[223] Vgl. Brief von Tony Seedat, ANC Chief Representative an AAB-Lokalgruppen vom 15. November 1981, in: AAB.312 „ANC Büro Bonn".
[224] Liebe Freunde! Grußwort von Tony Seedat an die Teilnehmer einer AAB-Versamlung Ende 1982, in: AAB.312.

Makgotchi über Seedats Verlegung in das Hauptquartier des ANC in Lusaka, Zambia, *„aimed at reinforcing our Department of International Affairs"*. Beigefügt war dem Schreiben der Lebenslauf seiner Nachfolgerin, der 38-jährigen Sankie Nkondo, die zuvor als Administrative Secretary in den ANC-Vertretungen in Stockholm und in Lagos tätig gewesen war.[225]

4.3 „Under the auspices of the UN" - Interaktion mit dem UN-Centre Against Apartheid

Die Vereinten Nationen und die 1963 eingerichtete Organization for African Unity boten sowohl den Widerstandsorganisationen aus dem südlichen Afrika als auch den Solidaritätsgruppen aus aller Welt immer wieder Foren, auf denen sie sich für ihr Anliegen auf diplomatischer Ebene Gehör verschaffen als auch miteinander in Kontakt treten, austauschen und interagieren konnten. Beide Organisationen richteten Konferenzen aus, hielten Workshops ab und luden Vertreter von Anti-Apartheid-Organisationen als Experten zu Anhörungen ein, um etwa die Übertretung von Embargos und Resolutionen gegen Südafrika zu prüfen. Zwischen 1962 und 1988 verabschiedeten die Generalversammlung und der Sicherheitsrat der UNO insgesamt siebzehn respektive neun Resolutionen, in denen die Apartheid verurteilt, Waffenembargos beschlossen, der Abbruch diplomatischer Beziehungen und die Verhängung von Wirtschaftssanktionen empfohlen wurden.[226]

Mit der Resolution 1761 vom 6. November 1962 beschloss die Generalversammlung die Einrichtung des United Nations Special Committee Against Apartheid (UNSCAA), das fortan selbst zu einem integralen Bestandteil innerhalb der Anti-Apartheidbewegung wurde. Alle „westlichen" Staaten lehnten zunächst eine Mitarbeit in dem neuen Komitee ab, da sie sich gegen die in derselben Resolution ausgesprochenen Forderung von Sanktionen stellten. Dieser Umstand blieb nicht unwidersprochen. Die britische AAM, die gerade erst im Juni des Jahres auf einer Studienkonferenz mit Vertretern verschiedener Gewerkschaften, Verbände und politischer Gruppen ein eigenes Positionspapier über die Notwendigkeit von Sanktionen erarbeitet hatte, reagierte mit Briefen an die Regierungen aller an der Abstimmung beteiligten Nationen. Die Länder, die sich enthalten oder mit „Nein" gestimmt hatten, wurden aufgefordert, ihr Votum das nächste Mal in ein „Ja" zu ändern. Die Befürworter der

---

[225] Brief von H.G. Makgotchi an Executive Secretary, Anti-Apartheid-Bewegung vom 4. August 1989, in: AAB.311.
[226] UN Centre Against Apartheid (Hg.), Resolutions Adopted by the United Nations General Assembly on the Question of Apartheid 1962-1988, New York 1988.

Resolution hingegen wurden um Erläuterungen gebeten, in welcher Form sie die Sanktionen tatsächlich umsetzen würden. Die gesammelten Informationen schickte die AAM anschließend an das UNSCAA sowie die Internationale Juristenkommission. Im April 1964 fanden sich unter den 250 Delegierten einer Konferenz der AAM in London erstmals fünf UNSCAA-Mitarbeiter, die daraufhin der Generalversammlung und dem Sicherheitsrat über die Ergebnisse der Veranstaltung Bericht erstatteten.[227]
Der langjährige Vorsitzende des UNSCAA, Enuga S. Reddy, formulierte laut eigener Aussage 1966 das Konzept einer *„international campaign against apartheid under the auspices of the United Nations. [...] The strategy was to press for a range of measures to isolate the regime, support the liberation movements and inform world public opinion."* Besonders die „westlichen Länder" sollten überzeugt werden, sich im größtmöglichen Umfang an der Isolierung Südafrikas zu beteiligen. Im Juni 1968 organisierten AAM und UNSCAA erstmals gemeinsam eine Konferenz in London, deren Ergebnisse laut Reddy Eingang in das Programm des UNSCAA fanden und sich auch in einer neuerlichen Resolution der UN-Generalversammlung desselben Jahres widerspiegelten: *„This co-operation was without precedent in relations between the UN and non-governmental organisations."* Das UNSCAA unterstützte die Aktivitäten der AAM mit offiziellen Briefen, nahm an ihren Veranstaltungen teil und lud ihrerseits AAM-Mitglieder zu UNO-Konferenzen ein. *„These events enabled the anti-apartheid movements from different countries to meet and consult on internationalising campaigns."* Darüber hinaus konnten die Akteure der AAB so in direkten Dialog mit Regierungsvertretern treten, während sie dem UNSCAA wiederum halfen, Kontakte herzustellen und Informationen zu erhalten: *„As the AAM was in closer contact with South Africa than the UN-Secretariat, it was a useful source of information."*[228]
Ein solcher beidseitiger Informationsfluss entfaltete sich ebenfalls zwischen dem UNSCAA und der westdeutschen AAB, die über ihre gesamte Bestehenszeit hinweg in fortgesetztem Austausch mit den Vereinten Nationen stand. Unter anderem erstattete die AAB immer wieder Bericht über die von ihr beobachteten Kooperationen zwischen der BRD und Südafrika. Noch am 29. März 1990 etwa erbat das UN Centre

---

[227] Resolutions adopted by the General Assembly at its 17th session: Resolution 1761 (XVII). The policies of *apartheid* of the Government of the Republic of South Africa. Abrufbar unter http://daccess-dds-ny.un.org/doc/RESOLUTION/GEN/NR0/192/69/IMG/NR019269.pdf?OpenElement; Fieldhouse, S. 47ff; Reddy, Enuga Sreenivasulu, AAM and UN: Partners in the International Campaign against Apartheid, in: Anti-Apartheid Movement Archives Committee (Hg.), Report of the Symposium: The Anti-apartheid Movement - A 40-year Perspective, London 2000, S. 23-26.
[228] Vgl. ebd. Zitiert nach ders., S. 24.

Against Apartheid[229] von der AAB Informationen über deren Beobachtungen über die Einhaltung von Sanktionen für einen Bericht des Generalsekretärs Javier Pérez de Cuellar angesichts der 45. Sitzung der UNO-Generalversammlung. Die AAB übermittelte dem UN-Centre daraufhin einen Bericht mit dem Titel „*FRG profile: EC sanctions against South Africa*" sowie „*material on the submarine scandal which clearly shows government involvement in the illegal deal with the apartheid regime*", verbunden mit dem Hinweis auf die Vorladungen in letzterer Angelegenheit von Verteidigungsminister Stoltenberg für den 16. Mai bzw. von Bundeskanzler Kohl und Außenminister Genscher für den 31. Mai des Jahres vor den Parlamentarischen Untersuchungsausschuss des Bundestages. Es gäbe noch viele weitere Beispiele für Sanktionsbrüche als in den beiden Faktensammlungen, „*but we thought it to be more appropriate to concentrate on key areas and the latest figures.*"[230]

Die AAB selbst erstattete „*mehr als zwei Dutzend Strafanzeigen*" gegen deutsche Firmen und die Bundesregierung auf Grund von Verstößen gegen das Außenwirtschaftsgesetz und das Kriegswaffenkontrollgesetz. Zur einzigen rechtskräftigen Verurteilung kam es dabei am 27. Mai 1986 gegen vier Manager des Düsseldorfer Rüstungskonzerns Rheinmetall, die für die Lieferung von Waffen, Munition und einer Munitionsabfüllanlage nach Südafrika mit Gefängnisstrafen zwischen 15 und 24 Monaten auf Bewährung und Geldstrafen zwischen 3000 DM und 25000 DM belegt wurden. Im Gegensatz zur „*[u]niqueness of trial and sentences in FRG*" sei das Beispiel Rheinmetall jedoch „*[o]ne case amongst others*" und „*by no ways a matter of the past*", wie die AAB in einer Mitteilung an die UNO am 10. Juni 1986 betonte. So habe etwa die Firma Messerschmitt-Bölkow-Blohm erst im Juni 1985 fünf Militärhelikopter an die südafrikanische Polizei ausgehändigt, während Daimler-Benz über die letzten Jahre hinweg tausende [sic] UNIMOG-Militärlastwagen an die südafrikanische Armee geliefert habe.[231]

Sehr häufig handelte es sich bei solchen Exporten jedoch um so genannte „Dual-Use-Güter", die sowohl militärische als auch zivile Zwecke erfüllen konnten und bereits durch die Aussparung weniger Komponenten nicht mehr durch das verbindliche UN-Waffenembargo aus dem Jahr 1977 betroffen waren. Bereits in seinem Bericht

---

[229] Das UN Centre Against Apartheid bildete ab dem 1. Januar 1976 den Hauptsitz des UNSCAA.
[230] Brief von Sotirios Mousouris, Assistant Secretary-General Centre Against Apartheid an Anti-Apartheid Bewegung Bonn vom 29. März 1990, in: AAB.342 "United Nations"; Brief von Ingeborg Wick an Centre Against Apartheid, United Nations vom 30. April 1990, in: Ebd.
[231] REF.: Illegal Rheinmetall arms delivery to South Africa – Successful outcome of court case, in: ebd. Zu weiteren Beispielen für Strafanzeigen durch die AAB vgl. Bacia, S. 79ff.

vor der UN-Generalversammlung am 22. Mai 1978 über die Beziehungen zwischen der BRD und Südafrika kam das UNSCAA deshalb zu dem Ergebnis, dass *„the dividing line between ´economic, cultural and scientific´ on the one hand, and ´military´ on the other, cannot be clearly drawn."* Die BRD spiele dadurch eine Hauptrolle bei der Stärkung des Apartheid-Regimes. Das Argument der Bundesregierung, durch wirtschaftliche Beziehungen einen konstruktiven Einfluss auf die südafrikanische Politik nehmen zu können, müsse entschieden zurückgewiesen werden. Vielmehr untergrabe sie so die Wirkung des UN-Waffenembargos: *„In order to be fully effective, such an embargo must be accompanied by strict economic sanctions, including the cessation of all trade with South Africa."* [232]

Neben Sonderberichten wie diesem zu den Beziehungen zwischen der BRD und Südafrika präsentierte das UNSCAA sowohl der UN-Generalversammlung als auch dem UN-Sicherheitsrat ab 1978 jährlich einen Generalbericht über seine Beobachtungen der Situation in Südafrika und seine eigenen Aktivitäten. Neben der Dokumentation der offiziellen Verlautbarungen des UNSCAA, seiner Kommunikation mit einzelnen Regierungen, Publikationen zur öffentlichen Aufklärung über die Apartheid, der Verleihung von Ehrungen an Anti-Apartheid-Aktivisten und der Teilnahme von Komitee-Vertretern an internationalen Konferenzen, wurde darin auch die Zusammenarbeit mit Nicht-Regierungsorganisationen aufgeführt, ohne jedoch deren Inhalt zu konkretisieren. Demzufolge hatte das Komitee im Berichtszeitraum von November 1977 bis Oktober 1978 die Vertreter von rund dreißig NROs im Rahmen von zwölf offiziellen Anhörungen eingeladen. Darüber hinaus, *„[c]onsultations were held by the Chairman and delegations of the Special Committee with a large number of non-governmental organizations at Headquarters and during missions away from Headquarters."* [233]

Die deutsche AAB war erstmals im Mai 1978 bei einer UNSCAA-Konferenz in New York vertreten, in Person des Bonner Arztes Wolff Geisler. Im Rahmen von Anhörungen in New York und einer Konferenz in Paris hielt Geisler auch in den folgenden Jahren Vorträge über die Beziehungen zwischen der BRD und Südafrika, in denen er ausführte, wie bundesdeutsche Firmen das Waffenembargo brachen, deutsche Ban-

---

[232] United Nations General Assembly. A/AC.115/L.491, 22 May 1978, Special Committee Against Apartheid. Relations Between the Federal Republic of Germany and South Africa, Paragraph 121-23, in: AAB.342 "United Nations"; Vgl. Morgenrath und Wellmer, S. 33-37.
[233] Vgl. die Berichte des UNSCAA in AAB.III.201, Zitat aus United Nations (Hg.), Report of the Special Committee Against *Apartheid*, Volume I. General Assembly Official Records: Thirty-third Session Supplement No. 22, New York 1978, S. 44.

ken und Konzerne von der Rassentrennung in Südafrika profitierten und dass die BRD der wichtigste Handelspartner Südafrikas war. Für die UNO entwickelte er sich offenbar zum wichtigsten Ansprechpartner innerhalb der deutschen AAB. Am 27. April 1987 etwa war es Geisler, an den sich der neue Vorsitzende des UN Centre against Apartheid, Sotirios Mousouris, anlässlich seines Amtsantritts wandte, für Geislers persönliches Engagement dankte und hoffte, *„that the same productive relationship will continue in the future. As I plan to attend some of the conferences and seminars to be organized during this year I am looking forward to meeting with you to discuss issues and exchange ideas of mutual interest to our work."*[234]

4.4 *„Support the International Day of Action"* - Koordinierung zwischen den nationalen Solidaritätsbewegungen

Wie bereits beschrieben hatte die deutsche AAB sich bei ihrer Konstituierung ausdrücklich an den bestehenden Bewegungen in den Niederlanden und vor allem in Großbritannien orientiert. Die britische AAM hatte bereits im März 1966 in London eine Konsultativkonferenz organisiert, bei der sich neben den Gastgebern Vertreter ihrer Schwesterbewegungen aus Dänemark, Norwegen, Schweden, Finnland, Holland, Frankreich, Irland und den Vereinigten Staaten zum Ideenaustausch versammelten. Vor allem die Briten reisten in den kommenden Jahrzehnten häufig auf das europäische Festland und unterstützten die Veranstaltungen der jeweiligen Bewegungen durch ihre Teilnahme und Redebeiträge, wodurch sich wiederum Gelegenheiten zum Informations- und Ideenaustausch boten.[235]

Im November 1978 etwa hielt der Vorsitzende der britischen AAM, Abdul Minty, das Einleitungsreferat auf dem „Kongress gegen die atomare Zusammenarbeit Bundesrepublik Deutschland – Südafrika" in Bonn. Die Briten berichteten daraufhin in der Dezemberausgabe ihrer *Anti-Apartheid News* über die Ergebnisse des Kongresses und die Zusammenhänge der militärisch-nuklearen Kollaboration. Ein Mitglied der britischen Delegation bedankte sich anschließend in einem Brief für die zu Teil gewordene Gastfreundschaft und erinnerte noch einmal an einen Appell der Briten an die europäischen Schwesterbewegungen, *„to support the International Day of Action Against Banking Links with South Africa by taking action against collaborating banks in their own country on December 1st [...]."* Zumindest die Hamburger AAB-

---

[234] Brief von Sotirios Mousouris an Mr. Wolf Geisler vom 27.April 1987, in: AAB. 342 „United Nations". Vgl. auch Bacia, S. 76-79.
[235] Fieldhouse, S., 247ff.

Lokalgruppe beteiligte sich daran mit Flugblattaktionen vor Filialen von Dresdener Bank, Deutsche Bank und Commerzbank in ihrer Stadt.[236] Auch die Aktivisten der deutschen AAB statteten ihren europäischen Kollegen Besuche ab, wenn auch häufig wohl im Rahmen von ohnehin geplanten Auslandsaufenthalten und Urlaubsreisen, wie viele Briefe und Postkarten nahe legen. Immerhin sammelten sie so eine Fülle von Broschüren und anderen Materialien und knüpften Kontakte, die sich durchaus in weiteren Treffen und Schriftverkehr niederschlugen, woraus sich Impulse für die eigene Arbeit ergaben. Der engste Austausch bestand auch langfristig mit den britischen Kollegen, die ab Januar 1979 jeden zweiten Monat einen Rundbrief an Solidaritätsbewegungen in Europa verschickten, *„in which we will provide details of events which we are organising which may be of interest to other organisations and to provide you with copies of documents and other material which we are producing as a contribution to the International Solidarity Movement."*[237]

Gemeinsam koordinierte Aktivitäten und Veranstaltungen fanden dagegen nur vereinzelt und in der Regel in begrenztem Umfang statt. Im Sommer 1982 etwa sandte Abdul Minty der AAB das Programm einer geplanten „International Coal Conversion Conference" in Pretoria, forderte Details über deren deutschen Beiträger an und bat die AAB, bei den Wissenschaftlern Protest gegen ihre Teilnahme einzulegen. Das UNSCAA unterstützte dieses Anliegen wiederum in Form eines offiziellen Statements, in dem auf die negativen Effekte einer entsprechenden Zusammenarbeit mit Südafrika hingewiesen wurde.[238] Ausnahmen bildeten große Konferenzen wie zum Beispiel die „World Conference for Action against Apartheid" der UNO im August 1977 in Lagos, Nigeria, an der auch Vertreter der Bundesregierung und vieler weiterer Regierungen teilnahmen. Die sechs vertretenen europäischen Bewegungen fanden dort die Gelegenheit zu einer gemeinsamen Pressekonferenz, in der sie die Ansprache des EWG-Kommissionspräsidenten Simonet kritisierten.[239]

Von den Bewegungen in den übrigen Ländern bezog die AAB ebenfalls umfangreiches Material, wie etwa Broschüren oder Artikel aus ausländischen Printmedien, so dass man über die Aktivitäten der Schwesterbewegungen und die Entwicklungen in

---

[236] Brief von Chris Child, AAM Staff an Ingeborg Wick, Anti-Apartheid-Bewegung vom 20. November 1978, in: AAB.22 „AAB Großbritannien I"; Zitat nach Ebd; Zu den Bankenkampagnen in der BRD vgl. Bacia, S. 116-39, zur Flugblattaktion in Hamburg vgl. ders. S. 122.
[237] Rundbrief von Mike Terry, AAM vom 15. Januar 1979, in: AAB.22 „AAB Großbritannien I (AAM)".
[238] Brief mit Dokumentenanhang von Abdul Minty an Ingeborg Wick vom 29. Juni 1982, in: ebd; UN Statement on International Coal Conversion Conference Pretoria, 16-20 August 1982, in: ebd.
[239] Presse-Einladung "The anti-Apartheid Movements of the European Economic Community present in Lagos" [sic] vom 25. August 1977, in: AAB.330 "UN-Anti-Apartheid-Konf. Lagos. 22-26.8.1977"

den jeweiligen Ländern auf dem Laufenden blieb. Darüber hinaus waren sich die Bewegungen gegenseitig mit Informationen zu konkreten Anlässen behilflich, die für die jeweilige Arbeit relevant sein konnten. Im April 1982 informierte ein Mitglied der Rotterdamer Lokalgruppe von „werkgroep kairos – christenen tegen apartheid" die AAB über die Rundreise einer Delegation des All-African Congress of Churches (AACC) durch Europa und Nordamerika, die in Holland einen starken Eindruck hinterlassen habe. *„They told us that they did not go to West-Germany, because they were so dissatisfied with the EKD. [...] Is there any possibility to let the members of the EKD know how the African brothers and sisters think?"*[240]

Im Vordergrund stand zumeist vor allem das gegenseitige Interesse an den Erfolgen und Problemen, welche die Kollegen in den anderen Ländern bei ihrem Engagement gegen die Apartheid erlebten. Frank Hirtz etwa berichtete auf der AAB-Mitgliederversammlung 1975 von seinem Besuch bei der schwedischen Schwesterbewegung. Grundsätzlich, so seine Vorbemerkung, scheine es in Schweden eine Aufgeschlossenheit gegenüber dem Thema zu geben, *„und zwar in allen gesellschaftlich relevanten Gruppen'*, wie man sie in der BRD nicht so schnell antreffen kann." Besonders in den Universitätsstädten gebe es bereits *„eine Tradition von Gruppen, die für das südliche Afrika gearbeitet haben."* Nachdem sie im letzten Jahr eine Delegiertenkonferenz gebildet und *„gemeinsam ein ansprechend gedrucktes Magazin: 'Afrika Bulletin'"* herausgegeben hätten, werde nun eine Anti-Investitionskampagne in Gang gebracht. Ein schwedischer Erzbischof sei bereits im vergangenen Jahr auf Aktionärsversammlungen aufgetreten, wo er Diskussionen über schwedische Investitionen in Südafrika erzwungen habe. Daraufhin sei eine Fragebogenaktion gestartet worden, *„um Genaueres über die Arbeitsbedingungen von Nichtweißen in schwedischen Firmen in Südafrika zu erhalten."* Würden mit Ablauf eines Ultimatums im April 1976 bestimmte Auflagen nicht erfüllt, solle im Parlament eine Gesetzesvorlage eingebracht werden, um schwedische Investitionen in Südafrika zu unterbinden.[241]

Zu einer geregelten Zusammenarbeit unter den diversen Schwesterbewegungen sollte es erst Ende der achtziger Jahre kommen. Als die nationalen Bewegungen

---

[240] Brief von Cor Groenendijk an Pfr. H. Blum vom 21. April 1982, in: AAB.26 „Niederlande I".
[241] Hirtz, Frank, "Bericht über die Kontaktaufnahme mit Gruppen, die in Schweden Anti-Apartheid-Aktionen unternehmen", 13.September 1975, in: AAB.ORG, Mitgliederversammlungen 1974/75; Es liegen noch weitere Erfahrungsberichte vor, etwa die Kopie eines Briefs von Christine Gerstenfeld, City of London Anti-Apartheid Group an AAB-Lokalgruppe München, ohne Datum (Frühjahr 1987), in: AAB.22.

erkannten, "that the member states of the EC were increasingly co-ordinating their foreign policy at an EC level", nahmen sie diese Entwicklung ihrerseits zum Anlass, ihre Kritik an der Position der EG gegenüber Südafrika stärker zu koordinieren und entsprechend eine gemeinsame Position zu entwickeln. Zu diesem Zweck richteten sie 1988 die „Liaison Group of National Anti-Apartheid Movements in the Countries of the European Community" ein, deren erstes Vorbereitungstreffen vom 13. bis 14. Februar des Jahres in Bonn stattfand.[242]

Die Schwierigkeiten der Einrichtung einer solchen Gruppe mit ausreichendem Konsens ergaben sich schon allein aus der Frage, wer die jeweiligen nationalen Bewegungen legitim repräsentieren konnte. Während sich in Ländern wie dem Vereinigten Königreich oder der BRD die Gruppen AAM bzw. AAB von Anfang an als zentrale Bewegungsorganisationen hatten etablieren können, war das Feld andernorts offenbar weniger klar bestellt. Die Lösung, aus jedem Mitgliedstaat zwei Gruppen als Vertreter zuzulassen, reichte zumindest in den Niederlanden nicht aus, um innerhalb der dortigen Bewegung entsprechende Einigkeit zu erzielen. Der Geschäftsführer der Gruppe „kairos", Arend Driessen, protestierte schriftlich bei allen zur Liaisongruppe zugelassenen Vertretern sowie dem ANC und der SWAPO gegen die Ausgrenzung seiner Gruppe. Trotz Fürsprache aus der deutschen AAB blieb kairos jedoch ausgeschlossen.[243]

Selbst ein erstes gemeinsames Arbeitsergebnis in Form eines offenen Briefes an den amtierenden Präsidenten des EG-Ministerrates, Hans-Dietrich Genscher, in dem die Bewegungen ihre tiefe Sorge darüber zum Ausdruck bringen wollten, dass die EG weiterhin größter Handelspartner und wichtigste Quelle ausländischen Kapitals für die Apartheidwirtschaft war, blieb zunächst ein Entwurf. Erst nach einem weiteren Konsultativtreffen in Athen vom 17. bis 18. September 1988 wurde daraus ein *„Memorandum to the Council of Ministers of the European Communities* [sic]". Darin skizzierten die Bewegungen gegenüber dem Ministerrat die Entwicklungen des laufenden Jahres innerhalb Südafrikas und analysierten vor diesem Hintergrund die Politik der EG. Im Gegensatz zu den nordischen Ländern, dem Commonwealth und den USA, sei die EG zum wichtigsten Protektor des Apartheidsystems geraten, trotz ihrer anders lautenden rhetorischen Verurteilungen. Besonders die bestehenden Embar-

---

[242] The Liaison Group of the National Anti-Apartheid Movements in the European Communities [sic], in: AAB.34 „EG-AABs".
[243] Rundbrief von Arend Driessen an nationale Anti-Apartheid-Bewegungen vom 28. April 1988, in: ebd.

gos und Beschränkungen in Bezug auf Öl, Eisen, Stahl und Investitionen würden nicht konsequent umgesetzt und zuletzt immer stärker unterwandert. Abschließend wurde ein Katalog mit zehn konkreten Schritten unterbreitet, welche die Liaisongruppe dem Ministerrat der EG für seine weitere Politik anriet.[244] Möglicherweise trugen die Treffen in Bonn und Athen bereits ausreichend dazu bei, unter den Beteiligten einen Konsens bezüglich einer gemeinsamen Position zur EG-Politik zu erreichen. Zwar kam es zu einem weiteren Treffen im April 1989 in Brüssel, statt sich jedoch wie ursprünglich vorgesehen fortan halbjährlich zu weiteren Beratungen zu versammeln, wurde der Einfachheit halber der britischen AAM die Aufgabe übertragen, weitere Memoranden und Statements im Namen der Liaisongruppe zu erstellen.[245]

5. Fazit

Das eingangs dieser Arbeit zitierte Wort von Oliver Tambo von der *„leisen und einsamen Stimme des Protests"*, die sich zu einer weltumspannenden Bewegung gegen die Apartheid ausgebildet habe, könnte treffender wohl kaum sein. Dies verdeutlicht an erster Stelle der historische Rückblick von der Gründung der Südafrikanischen Union 1910 über die Modernisierung des Staates bis hin zur weltweiten Erzeugung von Solidarität durch südafrikanische Exilanten in Ländern rund um den Globus, darunter auch die BRD. War es zuerst eine minimale Anzahl intellektueller schwarzer Südafrikaner, die durch missionarische Förderung einen privilegierten Status erreicht hatten, der es ihnen erlaubte, Widerspruch gegen politische Entscheidungen von Europäern geltend zu machen, ermöglichten die mit fortschreitender Industrialisierung entstehenden modernen Strukturen nicht nur einen engmaschigeren Zugriff auf die diversen Bevölkerungsgruppen, sondern schufen auch eine breitere Basis zur Mobilisierung eines Widerstandes, der die vormalige Formulierung höflicher Petitionen deutlich in den Schatten stellte.

Die südafrikanischen Staatsbehörden scheiterten zunächst zusehends mit den von ihnen selbst geschaffenen Mitteln, wie zum Beispiel die weithin beachteten Hochverratsprozesse von 1956 bis 1961 veranschaulichen. Nicht nur, dass es zu Freisprüchen in 156 von 156 Fällen kam und die große Zahl der Angeklagten im Rahmen der Prozesse ein Forum zur Vernetzung untereinander fanden, zudem folg-

---

[244] Open Letter to the President of the Council of Ministers from the AAMs of the EC vom 21. April 1988, in ebd; „Memorandum to the Council of Ministers of the European Communities, in : ebd.
[245] Report of the Liaison Group of the National Anti-Apartheid Movements of the EC – Athens 17-18 September 1988, in: ebd; Fieldhouse, S. 250.

te eine erste Reihe von Gründungen solidarisch gesinnter Organisationen in Übersee. Auch der Einsatz harter Repressionen und mitunter eskalierende Gewalteinsätze wie in Sharpeville 1960 zogen zwar zunächst Stabilität in Form einer Phase aus Schock und Resignation nach sich. Letztlich führten sie jedoch zu einer immer stärkeren Radikalisierung, nachdem die Black Consciousness Movement ihr Ziel der Verbreitung eines neuen schwarzen Selbstbildes erreicht hatte, indem sie unter anderem geschickt den Spielregeln der Rassekategorien des weißen Staates den Boden entzog. Indem besonders seit den 1970er Jahren nicht nur viele südafrikanische Apartheidgegner, sondern zudem auch viele Ausländer durch das strenger werdende Durchgreifen der Behörden mit Gewalt zur Flucht bzw. per Visumsentzug zur Ausreise gezwungen wurden, entwickelte sich weltweit eine wachsende Basis zur Mobilisierung von Protest außerhalb Südafrikas, der sich zum größten Teil auf die bestehenden „Verflechtungen" der jeweiligen Länder mit Südafrika und ihre fortwährenden Formen der Unterstützung der Apartheid auf politischer, wirtschaftlicher und kultureller Ebene ausrichtete.

Dabei entstand eine transnationale Anti-Apartheid-Bewegung, die sich aus einer Vielzahl einzelner („Schwester-") Bewegungen zusammensetzte, die größtenteils im Bezugsrahmen ihrer jeweiligen Heimatländer agierten, dabei durchaus intensiv den Kontakt und die Kooperation mit südafrikanischen Apartheidgegnern – allen voran dem ANC – pflegten, Legitimation und Unterstützung durch überstaatliche Akteure wie die UNO und die OAU erfuhren und auch untereinander in Verbindung standen und voneinander lernten. Bemerkenswert ist die Tatsache, dass der ANC in Großbritannien gezielt auf die Initiierung einer Solidaritätsbewegung hinwirkte und anschließend die Früchte erntete, mit ihren Ablegern in anderen Ländern zusammenarbeiten zu können.

In der Bundesrepublik Deutschland wurde eine solche Bewegung zunächst im kirchlichen Umfeld geboren, wo aus Südafrika ausgewiesene Priester – dies eine Parallele zu vielen anderen Ländern[246] – im Rahmen neu gegründeter Zusammenschlüsse und Gruppen wie MAKSA, Aktionsgruppe „Freiheit für Nelson Mandela (Südafrika)!" und schließlich AAB die Initiative ergriffen hatten, mit dem erfolgreichen Bestreben, Akteure aus dem Rest der Gesellschaft für sich zu gewinnen. Die Gruppe AAB stand als Bewegungsorganisation im Zentrum der Bewegung aus Lokalgruppen und anderen Bündnispartnern, die sich wechselseitig mit Impulsen versorgten. In der

---

[246] Vgl. Thörn, S. 3, S. 35.

BRD nutzten die Akteure zum Knüpfen von Kontakten bestehende sozialorganisatorische Ressourcen wie die Infrastrukturen der Evangelischen Kirche (z.B. Kirchentag, Presseagentur *epd*, kirchliche Publikationen und Rundbriefe) und schufen selber neue, indem die AAB zum Beispiel als Gründungsmitglied des BUKO auftrat.

Einen zentralen Gesichtspunkt im Hinblick auf die Mobilisierung der AAB machte das Erlangen von moralischen Ressourcen wie Legitimität, Solidarität und Prominenz aus (vgl. Abschnitt 1.4). Prominente Unterstützung fand sie offensichtlich zu Hauf, wie am Beispiel „Kulturabkommen" gezeigt. Auch die Möglichkeit, sich nicht nur, selbst mit Bezug auf spezifische Themen, auf diverse Positionen der UNO berufen zu können, sondern immer wieder auch direkte Unterstützung von Seiten der Weltorganisation zu erhalten, stellte eine wichtige Quelle für Legitimität dar, die stark genutzt wurde. Die Aneignung institutionell legitimierter Eigenschaften stellt ebenfalls ein typisches Phänomen dar, wie zu Beginn dieser Arbeit erläutert. Von Anfang an gab es klar formulierte Vereinssatzungen, regelmäßige Versammlungen, Vorstandswahlen, detaillierte Tagesordnungen, protokollierte Sitzungen, Arbeitsgruppen und regelmäßige Berichterstattungen über Fortschritte und Misserfolge.

Es ist auffällig, dass die AAB als Bewegungsorganisation augenscheinlich im Wortsinn sehr gut organisiert war. Des Weiteren zeugen davon Fakten wie die langjährige hauptamtliche Besetzung ihrer Geschäftsstelle durch ein und dieselbe Person, die Beharrlichkeit der Aktivitäten, die regelmäßigen Presseverlautbarungen, die nötigen Kompetenzen (kulturelle Ressourcen), um verbündete Organisationen wie den ANC sowohl personell und materiell als auch organisatorisch (Rundreisen, Herstellung von Kontakten, Unterstützung bei der Einrichtung einer offiziellen Vertretung in der Bundeshauptstadt Bonn) und mit Hintergrundinformationen zu unterstützen; gemeinsam mit anderen Gruppen gut besuchte Solidaritätsveranstaltungen, Pressekonferenzen, Podiumsdiskussionen, usw. auszurichten; langjährig Publikationen herauszugeben und nicht zuletzt der strukturierte Zustand des überlieferten Archiv-Bestands. Die Vielfalt überlieferter Plakate (über hundert Stück!), Flugblätter und Broschüren konnte im Rahmen dieser Arbeit bestenfalls in Ansätzen ausgewertet werden.

Diese organisatorische Dimension (der kognitiven Praxis) machte einen Teil der Identität der Bewegung aus und war auch insofern wichtig für ihr Erfolgspotenzial. Die zahlreichen Kontakte zu Akteuren aus vielen gesellschaftlichen Bereichen zeigen, dass die AAB auf Resonanz stieß. Sie fand Anklang bei den Grünen im Bundestag, in Teilen der SPD, bei manchen Journalisten und Wissenschaftlern und wurde grundsätzlich durchaus ernst genommen. Dies ist zweifellos auch auf ihr Selbstverständnis zurückzuführen, insofern die Beteiligten selbst überzeugt waren, ein absolut notwendiges Unterfangen zu betreiben, indem sie gegen den als eklatant wahrgenommenen Missstand eintraten, dass ausgerechnet die Deutschen ihre Verantwortung bei Seite zu schieben schienen und sich erneut an rassistischer Unterdrückung mitschuldig machten. Durch die detaillierte Sachkenntnis und die eigenen Erfahrungen aus Südafrika, die viele Akteure in der Bewegung besaßen, waren sie in der Lage, sich sehr kompetent zu artikulieren und überzeugend zu argumentieren. Die demokratische Gesinnung von Politikern und Unternehmern, die sich auf die Vorstellung eines „kritischen Dialogs" mit Südafrika beriefen, erschien im Licht der vorgetragenen Vorwürfe der AAB zweifelhaft. Indem es schließlich gelang, sich als „Ein-Punkt-Bewegung" zu definieren und anfängliche Grundsatzdebatten über ideologische Positionierungen im Zusammenhang mit anderen Bewegungen sowie über die eigene Haltung zu den einzelnen Widerstandsorganisationen hinter sich zu lassen, blieb die Bewegung prinzipiell offen für Interessierte, die sich gegen die Apartheid engagieren wollten.

Die Einbindung der Bewegung in eine größere, weltweit aktive Bewegung aus nationalen Solidaritätsbewegungen, südafrikanischen Widerstandsbewegungen und Organen der Vereinten Nationen verlieh zusätzlichen Auftrieb und zeitigte vereinzelt spektakuläre Erfolge, wie zum Beispiel die Bloßstellung der Bundesregierung auf internationalem Parkett. Hiervon abgesehen entfaltete sich offensichtlich eine rege alltägliche Zusammenarbeit mit ANC, SWAPO und UNSCAA, von der einerseits die AAB und ihre Untergruppen profitierten und andererseits den Exilvertretern dienlich waren, um sich in der BRD organisatorisch zu etablieren und Kontakte zu knüpfen im letztlich vergeblichen Bemühen, die Unterstützung der Bundesregierung zu gewinnen. Weniger ausgeprägt schien demgegenüber die Integration der diversen europäischen Bewegungen untereinander zu sein, die erst spät und in begrenztem Umfang einsetzte, wie am Beispiel der EC-Liaison-Group gesehen. Trotzdem hat die deutsche AAB offensichtlich durch den Blick über den Tellerrand gelernt und konkrete Ideen aus den Niederlanden auf den eigenen Kontext übertragen.

Wie das Beispiel des Kulturabkommens der BRD mit Südafrika gezeigt hat, ließen die Akteure sich nicht beirren und erneuerten auch über einen längeren Zeitraum hinweg beharrlich ihre Kritik. Nachdem sie zunächst die Unterstützung einzelner

Bundestagsabgeordneter für sich gewinnen konnten, hatten sie es letztlich erreicht, dass in Gestalt der Grünen eine Bundestagspartei ein Potenzial an Wählerstimmen hinter den Anliegen der AAB erkannte, dass nämlich, wie von Walter Schwenninger im Bundestag formuliert, „*immer mehr Menschen in unserem Land nicht mitschuldig werden wollen an den Leiden*". Entsprechend übersetzten Die Grünen die Kritik, indem sie sie in Form von Anfragen, Anträgen und Reden in das Parlament einbrachten. Am Ende trugen sie mit Erfolg zur Kündigung des Abkommens bei, auch wenn die Regierung bemüht war, ihr Gesicht zu wahren, indem sie es fünf Monate nach dem Antrag der Grünen plötzlich per „*Änderungskündigung*" selbst aufhob.

Angesichts der ganz zu Anfang zitierten Dankesworte von Nelson Mandela und Oliver Tambos Einschätzung, die internationale Solidarität habe die Apartheid in die Knie gezwungen, erscheinen solche kleinen Erfolge ziemlich wenig bedeutsam. Diese Zitate lassen sich womöglich eher als nachvollziehbarer Ausdruck freudiger Ehrfurcht verstehen, sowohl vor dem eigenen Sieg noch zu Lebzeiten als auch der dabei erfahrenen, tatsächlich sehr breiten weltweiten Solidarität. Andererseits sind von der AAB eben dennoch erkennbare Impulse für gesellschaftliche Lernprozesse ausgegangen (vgl. Abschnitt 1.2), obgleich sie bei hoher Effizienz nur relativ selten größere Effekte erzielt zu haben scheinen. Warum ihre messbaren Erfolge relativ deutlich geringer ausfielen als in einigen anderen Ländern, [247] wie in Abschnitt 3.4 am Beispiel der Niederlande angedeutet, wäre eine eigens zu behandelnde Frage. Das objektive Profitinteresse der BRD durch ihren Status als Südafrikas größter Handelspartner stellt in diesem Zusammenhang zumindest ein plausibles Indiz dar. Andererseits bestanden, wie gesehen, zum Beispiel auch in Teilen der EKD noch lange Zeit große Vorbehalte gegenüber den Widerstandsorganisationen, während der Ökumenische Rat der Kirchen längst (nämlich auf seiner vierten Vollversammlung 1968 in Uppsala) seine Unterstützung für diese erklärt und dafür im Rahmen seines „*Programme to Combat Racism*" sogar einen Sonderfonds aufgelegt hatte.[248]

---

[247] Ein zusammenfassender Überblick über solche Erfolge der AAB vor allem in Skandinavien, den Niederlanden, Großbritannien, Neuseeland und Australien konnte in dieser Arbeit entgegen ursprünglicher Pläne nicht mehr geliefert werden. Folgende Arbeiten liegen hierzu vor: Bosgra 2008; Limb, Peter, The Anti-Apartheid Movements in Australia and Aotearoa/New Zealand, in: South African Democracy Education Trust (Hg.), The Road to Democracy in South Africa, Vol.3. International Solidarity, New York 2008, S. 907-82; Eriksen, Tore Linné (Hg.), Norway and National Liberation in Southern Africa, Stockholm 2000; Fieldhouse 2005; Houston 2008; Jennett, Christine, Signals to South Africa: The Australian Anti-Apartheid Movement, in: Dies., Stewart, Randal G. (Hg.), Politics of the Future. The Role of Social Movements, Melbourne 1989, S. 98-155; Sellström, Tor, Sweden and National Liberation in Southern Africa, Volume 1: Formation of a Popular Opinion (1950-1970), Uppsala 1999; Sellström 2002; Thörn 2009;
[248] Vgl. Hermann, S. 21ff.

Anders als Gunther Hermann mit Bezug auf die Einschätzung eines Zeitzeugen urteilt, scheint das Ausbleiben deutlicherer Erfolge sich nicht allein aus der Bewegung selbst heraus begründen zu lassen.[249] Es wäre durchaus interessant, die politischen Gelegenheitsstrukturen zu untersuchen, in deren Rahmen sich die AAB bewegte. Die schon erwähnte Arbeit von Philipp Rock liefert dazu bereits einen Ansatz. Alles in Allem ergibt sich ein Bild einer durchaus facettenreichen sozialen Bewegung, auf die im Rahmen der vorliegenden Arbeit lediglich Schlaglichter geworfen werden konnten, da sich vieles vom Umfang her nur exemplarisch erfassen ließ. Die Debatten innerhalb der Bewegung etwa konnten hier nur mit Rückgriff auf die Ergebnisse von Bacia und Leidig über das Verhältnis zu den Befreiungsorganisationen angeschnitten werden. Bezüglich der Debatten und Konflikte bieten sich noch viele Möglichkeiten der Vertiefung, auch was die Kooperation der AAB mit anderen Bewegungsorganisationen und Überschneidungen mit Ökologie- und Friedensbewegung betrifft.

Fast gänzlich ausgeklammert werden musste hier auch die Frage nach der Rolle und dem Beitrag einzelner Typen von Aktivisten und dem Grad ihrer Identifikation mit der Bewegung, wie Thörn sie zum Beispiel anhand von Zeitzeugeninterviews für die schwedische AAB erbringen konnte. In Verbindung damit wäre auch eine umfassendere Auswertung der umfangreichen „kulturellen Ressourcen" in Form von Plakaten, Flyern, Broschüren, Filmen, Theaterstücken, usw. lohnend, welche die Identität der Bewegung informierten.

6. Appendix

6.1 Quellennachweise

6.1.1 Archivquellen

- AAB, „Abschlußrechnung für das Geschäftsjahr 1980 (1.1.80 – 31.12.80)", aus: Mitgliederrundbrief vom 31.3.81, S. 14, in: AAB.643
- AAB, „Beschlüsse, Resolutionen" der Mitgliederversammlung der AAB in Bonn, 25.-27. April 1980, in: AAB.303
- AAB, „Einleitung für die Arbeitsgruppe ´Kulturabkommen – Künstler in der Solidaritätsarbeit´", in: AAB.303
- AAB, Grundsätze für eine zukünftige Anti-Apartheidsbewegung in der BRD. Erster Entwurf vom 22.11.1973, in: AAB.ORG.1

---

[249] Hermann geht in „Apartheid als Ökumenische Herausforderung" recht kurz auf die AAB ein (vgl. ebd., S. 64-70) und führt dabei ein Zeitzeugenurteil an, die AAB sei zu konfrontativ gewesen, ihre Lobbyarbeit zu schwach und ihre Protestformen zu stereotyp. Bacia und Leidig dagegen haben bereits gezeigt, dass die AAB durchaus auch auf kreative Protestformen setzten, wie z.B. „unsichtbares Theater" oder die öffentlichkeitswirksame Störung südafrikanischer PR-Aktionen. Allerdings konnte Hermann den Archivbestand der AAB nicht berücksichtigen, da dieser während der Arbeit an seinem Werk noch gar nicht erschlossen war.

- AAB-Gruppe „UNO-Resolution – Sanktionen gegen Südafrika", Rundbrief an AAB und weitere beteiligte Gruppen vom 4. Februar 1983, in: AAB.134
- AAB-Lokalgruppe Köln an Die Grünen im Bundestag, Brief z.Hd. Uschi Eid vom 19.11.1987, in: AAB.LG.5000K
- AAB, Mitgliederrundbriefe, in: AAB.643
- AAB, „Politischer Bericht des Vorstandes zur Mitgliederversammlung 6.-8.5.83 Bonn", in: AAB.III.643
- AAB, Protokoll der 3. Sitzung zur Vorbereitung eines bundesdeutschen Komitees „Sanktionen gegen Südafrika" vom 14. März 1983, in: AAB.134
- AAB, „Protokoll der Sitzung des Komitees zur Kündigung des Kulturabkommens vom 27.10.83", in: AAB.134
- AAMs in the EC, „Memorandum to the Council of Ministers of the European Communities, in: AAB.34
- AAMs in the EC, Open Letter to the President of the Council of Ministers from the AAMs of the EC vom 21. April 1988, in AAB.34
- AAMs in the EC, Report of the Liaison Group of the National Anti-Apartheid Movements of the EC – Athens 17-18 September 1988, in: AAB.34
- "Anti-Apartheid Movements of the European Economic Community present in Lagos", Einladung zur Pressekonferenz vom 25. August 1977, in: AAB.330
- Aktionsgruppe ´Freiheit für Nelson Mandela (Südafrika)!´ e.V., Rundbrief an „Solidaritätsgruppen, Organisationen und Einzelpersonen" vom 27. September 1979 mit beiliegender Doppelpostkarte „Unterdrückung in Südafrika – Wie lange noch?", in: AAB.303
- Aktionsgruppe ´Freiheit für Nelson Mandela (Südafrika)!´ e.V. und AAB, gemeinsamer Brief an Bundesregierung und die Mitglieder des Deutschen Bundestages, Juni 1980, in: AAB.303
- Auswärtiges Amt an Frank Hirtz, Kopie eines Briefs vom 17. Dezember 1974
- Barck, Susi, „Holland und das UNO-Jahr", Bericht, in: AAB.134.
- Bernhard Faltin, Bernhard, Brief an den Vorstand der AAB vom 24. Juli 1979 mit beiliegendem Gutachten von Rechtsanwalt Ulrich Cassel vom 19. Juli 1979, in: AAB.303
- Braun, Markus, Abschlußerklärung, in: Tribunal gegen Kolonialismus und Apartheid im Südlichen Afrika, in: AAB.ORG (AAB.956)
- Braun, Markus, an Cannon John Collins, Brief vom 5.11.1972 in MAKSA 1.
- Braun, Markus, Brief an Mr. Reg September vom 25. Februar 1974, in: AAB.311
- Braun, Markus, Ausgewiesen aus Südafrika. Aufsatz in AAB.ORG.2
- BUKO-Faltblatt „BUKO Koordinierungsausschuss", o.J., in: AAB.100
- BUKO, „Vorschläge für eine BUKO-Struktur Diskussion", o.J., in: AAB.100
- „Bundespressekonferenz 13.11.81", Protokoll, in: AAB.303
- Child, Chris, AAM Staff, Brief an Ingeborg Wick, Anti-Apartheid-Bewegung vom 20. November 1978, in: AAB.22
- Committee for the Cancellation of the Cultural Agreement, (Hg.), „Cancel the Cultural Agreement with South Africa!", Bonn 1984, in: AAB.II.1984:22
- Conradi, Peter, MdB, „Nachträgl. Gesprächsprotokoll vom 23. Juli 79 (16.45-18.00 Uhr) MdB Conradi, Kemnat", in: AAB.303Eichholz, Klaus, Sitzungsprotokoll MV 20.04.1974 in AAB.ORG.1
- Die Grünen, Kleine und Große Anfragen im Bundestag zum Thema Apartheid, in: AAB.113 sowie AAB.114.
- Die Grünen, Nachweise über Mitgliedschaften von MdBs der Grünen in der AAB, in: AAB.154 sowie AAB.157
- Driessen, Arend, Rundbrief an nationale Anti-Apartheid-Bewegungen vom 28. April 1988, in: AAB.34
- EKD, Südafrika-Dialoggruppe, Protokoll der 4. Sitzung am 17./18. November 1980 in Frankfurt, in: AAB.312.
- EKD, Translation. (Excerpt of a news item on the latest meeting of the Council of the Evangelical Church in Germany – EKD, 13th/14th February 1981), in: AAB.312
- Geisler, Wolff, Referat zum Thema 8: Auslandsinteressen unter besonderer Berücksichtigung der BRD (mit Handreichung), in: Tribunal gegen Kolonialismus und Apartheid im Südlichen Afrika, in: AAB.ORG (AAB.956)

- Gerstenfeld, Christine, City of London Anti-Apartheid Group, Brief an AAB-Lokalgruppe München, ohne Datum (Frühjahr 1987), in: AAB.22.
- Groenendijk, Cor, Brief an Pfr. H. Blum vom 21. April 1982, in: AAB.26
- Habermann, Hanna, EFD, Rundbrief an die an der Organisation des Komitees beteiligten Gruppen vom 4. Februar 1983, in: AAB.134
- Hagel, Manfred, *Südwestpresse,* Korrespondenz mit AAB zwischen dem 12. und 17. Januar 1983, in: AAB.ORG (AAB.731)
- Hirtz, Frank und AAB- Geschäftsführerin Ingeborg Wick, Korrespondenz in AAB.ORG.1
- Hirtz, Frank, "Bericht über die Kontaktaufnahme mit Gruppen, die in Schweden Anti-Apartheid-Aktionen unternehmen", 13.September 1975, in: AAB.ORG, Mitgliederversammlungen 1974/75
- issa, Geschäftsberichte von 1976/77 bis 1990/91 der Informationsstelle Südliches Afrika e.V. (issa), in: AAB.117
- issa, Grundsätze der Redaktionsarbeit des Informationsdienstes südliches Afrika, in: AAB.ORG (AAB.777)
- Jahn, Gerhard, hausinterner Rundbrief an Mitglieder der Sozialdemokratischen Bundestagsfraktion vom 22. Oktober 1979 mit beiliegendem Musterbrief, in: AAB.303
- Komitee für die Kündigung des Kulturabkommens (Hg.), „Das Kulturabkommen mit Südafrika muss gekündigt werden!", Bonn 1984, in: AAB.II.1984:57
- Limberg, Margret, Deutschlandfunk, Korrespondenz mit AAB zwischen dem 16. und 18. November 1976, in: AAB.LG.5000K
- Makgotchi, H.G., ANC Executive Secretary, Lusaka, Brief an Anti-Apartheid-Bewegung vom 4. August 1989, in: AAB.311
- Minty, Abdul, Brief mit Dokumentenanhang an Ingeborg Wick vom 29. Juni 1982, in: AAB.22
- Mitgliederversammlung vom 19.04.1974 in Othfresen, Sitzungsprotokoll, in: AAB.ORG.1
- Mousouris, Sotirios, Assistant Secretary-General Centre Against Apartheid, Brief an Anti-Apartheid Bewegung Bonn vom 29. März 1990, in: AAB.342
- Mousouris, Sotirios, Brief an Mr. Wolf Geisler vom 27.April 1987, in: AAB.342
- Reddy, Enuga S., UN-Centre Against Apartheid, Brief an Ingeborg Wick, AAB vom 23. Juli 1984, in: AAB.134Rübsaat, Hubert, Radio Bremen, Brief an issa, vom 11. März 1980, in: AAB.ORG (AAB.731)
- Schley, Dr. Gernot, *projektfilm,* Brief an AAB vom 23. Mai 1986, in: AAB.ORG (AAB.731)
- Schmidt, Karl, Brief an Ingeborg Wick vom 13. Juli 1979, in: AAB.303
- Schmidt, Karl, Brief an den Vorstand der AAB vom 27. Juli 1979 mit beiliegendem Entwurf eines offenen Briefes an die Bundesregierung, in: AAB.303
- Schmidt, Karl, Liste mit Namen von Bundestagsabgeordneten, die sich im Bundestag gegen das Kulturabkommen gewandt haben, versehen mit Adress-Stempel von Karl Schmidt, in: AAB.303
- Seedat, Tony, ANC Chief Representative, Brief an AAB-Lokalgruppen vom 15. November 1981, in: AAB.312
- Tony Seedat, Tony, „Liebe Freunde!", Grußwort an die Teilnehmer einer AAB-Versammlung Ende 1982, in: AAB.312
- Shoombe, Nghidimondjila Brief an AAB vom 13. November 1982, in: AAB.69
- Südafrika – Nationalismus, Nationalsozialismus und christlicher Glaube. Offener Brief an Südafrikaner, Berlin (West) 1971; in MAKSA1.
- Terry, Mike, AAM, Rundbrief vom 15. Januar 1979, in: AAB.22
- Tshabalala, Vusi, „What is the Dialog-Gruppe Südafrika (Dialogue group South Africa)?", Handschriftliche Aufzeichnungen, in: AAB.312
- United Nations General Assembly. A/AC.115/L.491, 22 May 1978, Special Committee Against Apartheid. Relations Between the Federal Republic of Germany and South Africa, Paragraph 121-23, in: AAB.342
- United Nations, Resolution adopted by the UN General Assembly at its 2320th Plenary Meeting, 16 December 1974: Resolution 3324 (XXIX). E: Situation in South Africa, in: AAB.303.
- United Nations Special Committee Against Apartheid General Reports, in: AAB.III.201

- United Nations, Statement on International Coal Conversion Conference Pretoria, 16-20 August 1982, in: AAB.22
- Universität Köln, Broschüre der Fachschaft Medien, „Uns hat der Rektor dabei nicht vertreten", in: AAB.303
- VAD, Pressemitteilung sowie „Erklärung deutscher Afrikawissenschaftler zur Krise der westlichen Südafrikapolitik" vom 25. Februar 1981, in: AAB.ARCH.12.
- Weßler, Rudolf, Bericht von einer Informationsreise Nov. 1973, in: AAB.ORG.1
- Wick, Ingeborg, „ANC Büro Bonn"; Stichworte zur Südafrika/Namibia-Politik der BRD (Wick für Tony), in: AAB.312
- Wick, Ingeborg, Brief an ANC Daressalaam vom 14. Oktober 1977, in: AAB.312
- Wick, Ingeborg, Brief an ANC (SA) Attn. Mr. Tony Seedat vom 3. Oktober 1980, in: AAB.312
- Wick, Ingeborg, Brief an UN-Centre Against Apartheid, United Nations vom 30. April 1990, in: AAB.342
- Wick, Ingeborg, Rede vor der Uno vom 13. Februar 1985, in: AAB.133
- Wischnewski, Hans-Jürgen, Brief an Ludger Baack vom 11. Januar 1982, in: AAB.303

6.1.2 Quellen aus Editionen

- AAB, „Rassistisch angereichertes Uran aus Südafrika für die Bundesrepublik?", Flugblatt abgebildet in Bacia, S. 58.
- Deutscher Bundestag, 8. Wahlperiode, 201. Sitzung, Bonn, Mittwoch, den 13. Februar 1980"
- Deutscher Bundestag, 10. Wahlperiode, 54. Sitzung, Bonn, Freitag, den 10. Februar 1984, S. 3866.
- Deutscher Bundestag, 10. Wahlperiode, 159. Sitzung, Bonn, Donnerstag, den 16. September 1985, S. 11859.
- Deutscher Bundestag, Drucksache 10/3166 vom 11.04.1985, Antrag der Fraktion Die Grünen
- Deutscher Bundestag, Drucksache 10/3868 vom 23.09.1985, Antrag der Fraktion Die Grünen
- Deutscher Bundestag, Drucksache 10/3870 vom 24.09.1985, Antrag der Fraktion SPD
- Deutscher Bundestag, Drucksache 10/3878 vom 24.09.1985, Antrag der Fraktion CDU/CSU
- Kulturabkommen zwischen der BRD und Südafrika, Bekanntmachung der Kündigung, in: BGBL. 1986 II, Nr. 13, S. 577. Deutscher Bundestag, 10. Wahlperiode, 159. Sitzung, Bonn, Donnerstag, den 26. September 1985, S. 11857ff.
- Seme, Pixley ka Isaka, Native Union (1911), in: Asmal, Kader, Legacy of Freedom. The ANC's Human Rights Tradition, Johannesburg 2005.
- Talk, Frank, I Write What I Like: Fear – an Important Determinant in South African Politics, in: Arnold, Millard W. (Hg.), The Testimony of Steve Biko, London 1978.
- UN Centre Against Apartheid (Hg.), Resolutions Adopted by the United Nations General Assembly on the Question of Apartheid 1962-1988, New York 1988.
- United Nations (Hg.), Report of the Special Committee Against *Apartheid*, Volume I. General Assembly Official Records: Thirty-third Session Supplement No. 22, New York 1978.

6.1.3 Beiträge aus Printmedien

Der Spiegel
- Ohne Autorenangabe, Handelsboykott. Der Slum-Pater, in: Der Spiegel 37 (09.09.1959), S.54f.
- Ohne Autorenangabe, Südafrika. Tief getroffen, in: Der Spiegel 49 (30.11.1970), S. 166f.
- Ohne Autorenangabe, Macht etwas, in: Der Spiegel 35 (26.08.1985), S. 31f.

Die Zeit
- Becker, Kurt, Heiße Ware: Kernreaktoren. Der Exporteur Bundesrepublik im Kreuzfeuer, in: Die Zeit (10. Oktober 1975).
- Grill, Bartholomäus, Ein Aha-Erlebnis, in: Die Zeit 9 (26. Februar 1993).

- Ohne Autorenangabe, „Prominente protestieren", in: Die Zeit 41 (07.10.1983).

Dritte Welt Information
- Ohne Autorenangabe, Der Mainzer Arbeitskreis Südliches Afrika (MAKSA) stellt sich vor, in: Dritte Welt Information, Frankfurt am Main, ohne Jahr.
- Ohne Autorenangabe, Rassismus in Südafrika. Gespräch mit Pfarrer Markus Braun von der Anti-Apartheid-Bewegung, in: Dritte Welt Information 3 (1975).

Frankfurter Allgemeine Zeitung
- Ohne Autorenangabe, „Anti-Apartheid-Tribunal beschuldigt die Bundesregierung, in: Frankfurter Allgemeine Zeitung (17.02.1975)

Frankfurter Rundschau
- Kepper, Hans, Bonn wird Unterstützung der Apartheid-Politik vorgeworfen, in: Frankfurter Rundschau (15.02.1975)
- Ohne Autorenangabe, Aufruf zum Boykott Südafrikas, in: Frankfurter Rundschau (17.02.1975)

Guardian
- Beresford, David, De Klerk admits to nuclear past, in: Guardian (25.03.1993), S.1.

idea
- Matthies, Helmut, Das Südafrika-Syndrom – In der EKD tut sich Brisantes in Sachen Südafrika, in: idea 10/11 (9. Februar 1981), S. VI f.

Informationsdienst
- Informationsdienst 2 (1993).

Süddeutsche Zeitung
- Ohne Autorenangabe, Anti-Apartheid Tribunal beschuldigt Bonn, in: Süddeutsche Zeitung (17.02.1975)

The Independent
- Carlin, John, ANC Dons Gloves for Poll Fight, in: The Independent (20.02.1993).

Theologie und Kirche
- Rapp, C., „Warum mußten Sie gehen?" Ein Interview mit Pastor Hans Ludwig Althaus, in: Theologie und Kirche 38 (17.09.1972), S.4f.

Time Magazine
- Ohne Autorenangabe, South Africa: Beating the Ban, in: Time Magazine U.S., 12. Juni 1964

Westdeutsche Allgemeine Zeitung
- Ohne Autorenangabe Südafrika-Tribunal: Bonn unterstützt die Rassenpolitik, in: Westdeutsche Allgemeine Zeitung (17.02.1975)

6.1.4 Über das Internet zugängliche Quellen

- All African Peoples' Conference, Accra, December 5-13, 1958, Resolution on Racialism and Discriminatory Laws and Practices, unter: http://v1.sahistory.org.za/pages//library-resources/officialdocs/resolution-racialism.htm (zuletzt abgerufen am 06.06.2011)

- ANC „Programme of Action", ohne Ort 1949 unter: http://www.anc.org.za/show.php?id=4472 (zuletzt abgerufen am 06.06.2011)
- Anti-Apartheid-Archive, Projekt der Nelson Mandela Foundation,
  ter: http://www.nelsonmandela.org/index.php/aama/ (zuletzt abgerufen am 06.06.2011)
- Anti Apartheid Movement (Großbritannien), Findbuch zur Sammlung,
  ter: http://www.bodley.ox.ac.uk/rhl/aam/aam.html (zuletzt abgerufen am 06.06.2011)
- ANCYL „Basic Policy Outlines", ohne Ort 1948, unter: http://www.anc.org.za/show.php?id=4448 (zuletzt abgerufen am 06.06.2011)
- ANC Youth League Manifesto, ohne Ort 1944, unter: http://www.anc.org.za/show.php?id=4439 (zuletzt abgerufen am 06.06.2011)
- „Apartheid", unter: http://de.wikipedia.org/wiki/Apartheid (zuletzt abgerufen am 24.03.2011)
- ANC Press Briefing, Monday 22 February, 1993,
  ter: http://www.anc.org.za/showdnb.php?include=docs/misc/2010/anndnb2i.html (zuletzt abgerufen am 24.09.2010)
- www.kosa.org (zuletzt abgerufen am 3.12.2011)
- Luthuli, Albert, Statement by Albert Lutuli (Jointly with Dr. G.M. Naicker and Peter Brown) appealing to the British People to Boycott South Africa vom 5. Dezember 1959,
  unter: http://www.anc.org.za/show.php?id=4713
- Mandela, Nelson, Address to the International Solidarity Conference, Johannesburg, 19. Februar 1993, unter: http://www.anc.org.za/show.php?include=docs/sp/1993/sp0219.html (zuletzt abgerufen am 23.09.2010)
- Tambo, Oliver, Opening Speech at the International Solidarity Conference, on the theme "From Apartheid to Peace, Democracy and Development", Johannesburg, 19. Februar 1993,
  ter: http://www.anc.org.za/show.php?include=docs/sp/1993/sp0219a.html (zuletzt abgerufen am 23.09.2010)
- Truth and Reconciliation Commission of South Africa (Hg.), Final Report, Volume 3, o.O. 1998, S.528-37, unter: http://www.justice.gov.za/trc/report/ (zuletzt abgerufen am 10.06.11).
- United Nations, Resolutions adopted by the General Assembly at its 17th session: Resolution 1761 (XVII). The policies of *apartheid* of the Government of the Republic of South Africa, unter http://daccess-dds-ny.un.org/doc/RESOLUTION/GEN/NR0/192/69/IMG/NR019269.pdf?OpenElement

6.2 Literaturnachweise

Ahlemeyer, Heinrich, Soziale Bewegung als Kommunikationssystem. Einheit, Umweltverhältnis und Funktion eines sozialen Systems, Opladen 1995.

Andrews, Charles F., Mahatma Gandhi. Mein Leben, Frankfurt am Main 1983 (Übers. aus d. Engl. Hans Reisiger; Originalausgabe: Mahatma Gandhi. His own Story, London 1930).

Bacia, Jürgen; Leidig, Dorothée, „Kauft keine Früchte aus Südafrika". Geschichte der Anti-Apartheid-Bewegung, Frankfurt am Main 2008.

Beinart, William, Twentieth Century South Africa, Oxford und New York 2001².

Benson, Mary, The African Patriots. The Story of the African National Congress of South Africa, London 1963.

Bosgra, Sietse, From Jan van Riebeeck to Solidarity with the Struggle: The Netherlands, South Africa and Apartheid, in: South African Democracy Education Trust (Hg.), The Road to Democracy in South Africa, Vol.3. International Solidarity, New York 2008.

Couzens, Tim; Rive, Richard, Seme. Founder of the African National Congress, Johannesburg 1991

Davenport, Rodney, South Africa. A Modern History, London 2000[5].

De Kiewiet, Cornelis W., A History of South Africa Social and Economic, London 1972.

Dubow, Saul, The Elaboration of Segregationist Ideology, in: Beinart, William; Dubow, Saul (Hg.), Segregation and Apartheid in Twentieth Century South Africa, London und New York 1995.

Edwards, Bob; McCarthy, John D., Resources and Social Movement Mobilization, in: Snow, David A.; Soule, Sarah A.; Kriesi, Hanspeter, The Blackwell Companion to Social Movements, Oxford et al. 2004, S. 116-51.

Eriksen, Tore Linné, The Origins of a Special Relationship: Norway and Southern Africa 1960–1975, in: Ders. (Hg.), Norway and National Liberation in Southern Africa, Stockholm 2000.

Eyerman, Ron; Jamison, Andrew, Social Movements. A Cognitive Approach, Oxford 1991.

Fatton, Robert Jr., Black Consciousness in South Africa. The Dialectics of Ideological Resistance to White Supremacy, Albany 1986.

Fieldhouse, Roger, Anti-Apartheid: A History of the Movement in Britain: A Study in Pressure Group Politics, London 2005.

Gerhart, Gail M., Black Power in South Africa. The Evolution of an Ideology, Berkeley u.a. 1978.

Grobler, Jackie, A Decisive Clash? A Short History of Black Protest Politics in South Africa, 1875-1976, Pretoria 1988.

Grundlingh, Albert M., Prelude to the Anglo-Boer War, 1881-1899, in: Cameron, Trewhella, A New Illustrated History of South Africa, Johannesburg 1986, S. 183-99.

Habermas, Jürgen, Erkenntnis und Interesse, Frankfurt am Main 1968.

Harris, Verne, The Archival Sliver: A Perspective on the Construction of Social Memory in Archives and the Transition from Apartheid to Democracy, in: Hamilton, Carolyn (Hg.), Refiguring the Archive, Cape Town 2002, S. 135-51.

Hermann, Gunther J., Apartheid als ökumenische Herausforderung. Die Rolle der Kirche im Südafrikakonflikt, Frankfurt am Main 2006.

Hodgkin, Thomas, Nationalism in Colonial Africa, London 1962[4].

Holland, Heidi, ANC. Nelson Mandela und die Geschichte des African National Congress, Braunschweig 1990 (Übers. Aus d. Engl.: Andrea Galler u. Helmut Dierlamm).

Houghton, D. Hobart, Economic Development, 1865-1965, in: Thompson 1975.

Houston, Gregory, International Solidarity: Introduction, in: South African Democracy Education Trust (Hg.), The Road to Democracy in South Africa, Vol.3. International Solidarity, New York 2008.

Kane-Berman, John, Südafrikas verschwiegener Wandel (deutsche Übers.: Jürgen P. Krause), Osnabrück 1992.

Karis, Thomas; Gerhart, Gail M. (Hgg.), From Protest to Challenge. A Documentary History of African Politics in South Africa 1882-1964, Vol. 3, Challenge and Violence 1953-1964, Stanford 1977.

Keppel-Jones, Arthur M., When Smuts goes. A history of South Africa from 1952 to 2010, first published in 2015, London 1947.

Kern, Thomas, Soziale Bewegungen. Ursachen, Wirkungen, Mechanismen, Wiesbaden 2008.

Kuper, Leo, African Nationalism in South Africa, 1910-1964, in: Thompson 1975.

Limb, Peter, The Anti-Apartheid Movements in Australia and Aotearoa/New Zealand, in: South African Democracy Education Trust (Hg.), The Road to Democracy in South Africa, Vol.3. International Solidarity, New York 2008, S. 907-82.

Lodge, Tom , All, Here, And Now. Black Politics in South Africa in the 1980s, London 1992.

Lodge, Tom, Black Politics in South Africa since 1945, London und New York 1983.

Louw, P. Eric, The Rise, Fall, and Legacy of Apartheid, Westport 2004.

Luhmann, Niklas, Ökologische Kommunikation. Kann die moderne Gesellschaft sich auf ökologische Gefährdungen einstellen? Wiesbaden 2008.

Luthuli, Albert, Let My People Go. An Autobiography, London 1963[5].

Mandela, Nelson, Der lange Weg zur Freiheit (Übers. aus dem Engl. von Günter Panske), Hamburg 2006.

Marks, Shula, Introduction, in: Anti-Apartheid Movement Archives Committee (Hg.), Report of the Symposium: The Anti-apartheid Movement - A 40-year Perspective, London 2000.

Marx, Anthony, Lessons of Struggle, South African Internal Opposition, 1960-1990, New York und Oxford 1992.

McAdam, Doug, Conceptual Origins, Current Problems, Future Directions, in: McAdam, Doug; McCarthy, John D.; Zald, Mayer N. (Hg.), Comparative Perspectives on Social Movements. Political Opportunities, Mobilizing Structures, and Cultural Framings, Cambridge 1996.

McAdam, Doug; McCarthy, John D.; Zald, Mayer N., Introduction: Opportunities, Mobilizing Structures, and Framing Processes – Toward a Synthetic Comparative Perspective on Social Movements, in: McAdam, Doug; McCarthy, John D.; Zald, Mayer N. (Hg.), Comparative Perspectives on Social Movements. Political Opportunities, Mobilizing Structures, and Cultural Framings, Cambridge 1996.

Melucci, Alberto, Social Movements and the Democratization of Everyday Life, in: Keane, John (Hg.), Civil Society and the State, London 1988.

Minty, Abdul, The Anti-Apartheid Movement. What Kind of History? in: Anti-Apartheid Movement Archives Committee (Hg.), Report of the Symposium: The Anti-apartheid Movement - A 40-year Perspective, London 2000.

Morgenrath, Birgit; Wellmer, Gottfried, Deutsches Kapital am Kap. Kollaboration mit dem Apartheidregime, Hamburg 2003.

Orkin, Mark (Hg.), Sanctions against Apartheid, Cape Town 1989, S. 15-19.

Reddy, Enuga Sreenivasulu, AAM and UN: Partners in the International Campaign against Apartheid, in: Anti-Apartheid Movement Archives Committee (Hg.), Report of the Symposium: The Anti-apartheid Movement - A 40-year Perspective, London 2000

Rock, Philipp, Macht, Märkte und Moral. Zur Rolle der Menschenrechte in der Außenpolitik der Bundesrepublik Deutschland in den sechziger und siebziger Jahren, Frankfurt am Main 2010 (zugl. Diss. Berlin 2009).

Ross, Robert, A Concise History of South Africa, Cambridge (United Kingdom) 1999.

Rucht, Dieter, Öffentlichkeit als Mobilisierungsfaktor für Soziale Bewegungen, in: Neidhardt, Friedhelm (Hg.), Öffentlichkeit, öffentliche Meinung, soziale Bewegungen. Sonderheft der Kölner Zeitschrift für Soziologie und Sozialpyschologie 34 (1994).

Schleicher, Hans-Georg, Südafrikas neue Elite: Die Prägung der ANC-Führung durch das Exil, Hamburg 2004.

Schleicher, Hans-Georg, The German Democratic Republic and the South African Liberation Struggle, in: The Road to Democracy in South Africa, Vol.3. International Solidarity, New York 2008.

Sellström, Tor, Sweden and National Liberation in Southern Africa, Volume 1: Formation of a Popular Opinion (1950-1970), Uppsala 1999.

Sellström, Tor, Sweden and National Liberation in Southern Africa, Volume 2: Solidarity and Assistance 1970-1994, Stockholm 2002.

Snow, David A.; Benford, Robert D., Framing Processes and Social Movements: An Overview and Assessment, in: Annual Review of Sociology 26 (2000), S. 611-39.

Snow, David A.; Soule, Sarah A.; Kriesi, Hanspeter, Mapping the Terrain, in: Dies., The Blackwell Companion to Social Movements, Oxford et al. 2004, S. 3-16.

Thompson, Leonard, A History of South Africa, Yale 1990.

Thörn, Hakan, Anti- Apartheid and the Emergence of a Global Civil Society, New York 2009.

Tyrell, Hartmann, Anfragen an eine Theorie funktionaler Differenzierung, in: Zeitschrift für Soziologie 7,2 (1978), S. 175-93.

Walshe, Peter, The Rise of African Nationalism in South Africa. The African National Congress, 1912-1952, Berkeley 1971.

Yudelman, David, The Emergence of Modern South Africa. State, Capital, and the Incorporation of Organized Labor on the South African Gold Fields, 1902-1939, Westport (Connecticut) 1983.

Welsh, David, The Growth of Towns, in: Thompson, Leonard; Wilson, Monica (Hg.), The Oxford History of South Africa, Bd. 2, 1870-1966, Oxford 1975^4.

6.3 Abkürzungen

AAB	Anti-Apartheid-Bewegung
AABN	Anti-Apartheids-Beweging Nederland
AACC	All-African Congress of Churches
AAM	Anti-Apartheid Movement
ACG	Amilcar-Cabral-Gesellschaft
afas	Archiv für Alternatives Schrifttum (Duisburg)
ANC	African National Congress
ANCYL	African National Congress Youth League
ASK	Anti-Imperialistisches Solidaritätskomitee für Afrika, Asien und Latein-

	amerika
AWO	Arbeiter-Wohlfahrts-Organisation
AZAPO	Azanian Peoples Organization
BAWU	Black Allied Workers Union
BC	Black Consciousness
BCM	Black Consciousness Movement
BPC	Black People's Convention
BUKO	Bundeskongreß entwicklungspolitischer Aktionsgruppen (heute: Bundeskoordination Internationalismus)
CAO	Committee of African Organisations
CFD	Christlicher Friedensdienst
CNO	Christelik-Nasionale Onderwys (afrikaans: christlich-nationale Bildung)
COSATU	Congress of South African Trade Unions
CPSA	Communist Party of South Africa
dju	Deutsche Journalistinnen- und Journalisten-Union
EFD	Evangelische Frauen Deutschland
EKD	Evangelische Kirche Deutschland
ESG	Evangelische Studierendengemeinde
IDAF	International Defence and Aid Fund
issa	Informationsstelle Südliches Afrika
GfK	Gesellschaft für Kernforschung
KA	Kulturabkommen
KBW	Kommunistischer Bund Westdeutschland
KOSA	Koordination Südliches Afrika
MAKSA	Mainzer Arbeitskreis Südliches Afrika
MdB	Mitglied des Bundestags
mi	medico international
MK	Umkhonto we Zizwe (zulu: Speer der Nation)
MCF	Movement for Colonial Freedom
MTU	Motoren- und Turbinenunion (Friedrichshafen)
NGK	Nederlandse Gereformeerde Kerk
NUSAS	National Union of South African Students
NP	Nasionale Party

OAU	Organization for African Unity
PAC	Pan Africanist Congress
SACOD	South African Congress of Democrats
SACPO	South African Coloured People's Organization
SAIC	South African Indian Congress
SANNC	South African Native National Congress
SASM	South African Students Movement
SASO	South African Students Organisation
SMO	Social Movement Organization
STEAG	Steinkohlen Elektrizität-Aktiengesellschaft (Essen)
SWAPO	South-West Africa People's Organization
UCOR	Uranian Enrichment Corporation of South Africa
UDF	United Democratic Front
UNSCAA	United Nations Special Committee Against Apartheid
VAD	Vereinigung der Afrikanisten in Deutschland
VS	Verband Deutscher Schriftsteller
ZANU	Zimbabwe African National Union
ZAPU	Zimbabwe African People's Union